6/9 ANS

DOKÉO

# L'ENCYCLOPÉDIE

**Couverture** :
Pharaon par Sylvie Bessard
Légionnaire et T-Rex par Vincent Desplanche
Fleur © SHUTTERSTOCK Barbol


25 avenue Pierre de Coubertin, 75013 Paris
ISBN : 978-2-09-256111-9
N°de projet : 10222717
Dépôt légal : octobre 2015
Loi n°49-956 du 16 juillet 1949 sur les publications destinées à la jeunesse,
modifiée par la loi n°2011-525 du 17 mai 2001
Achevé d'imprimer en janvier 2016 par Graficas Estella (Ctra Estella Tafalla km2, Estella 31200, Espagne)

6/9 ANS

DOKÉO

# L'ENCYCLOPÉDIE

Nathan

# Sommaire

## L'astronomie 6>15

Le système solaire 8-9
Objectif : Lune ! 10-11
Les étoiles et l'Univers 12-13
Observer et conquérir l'espace 14-15

## La Terre 16>37

Notre vaste Terre 18-19
Tout autour du Soleil 20-21
Une planète de roche et de feu 22-23
Tous les climats de la Terre 24-25
Terre de contrastes 26-27
Une planète d'eau 28-29
Mers et océans 30-31
Une planète d'air 32-33
La météorologie 34-35
Les fureurs de la Terre 36-37

## Les plantes 38>45

Les familles de plantes 40-41
La vie d'un arbre 42-43
Trucs et astuces des plantes 44-45

## Les animaux 46>75

Les dinosaures 48-49
Les animaux disparus 50-51
Les espèces animales 52-53
Les modes de déplacement 54-55
L'adaptation 56-57
Migrer ou hiberner 58-59
La communication 60-61
La vie en groupes 62-63
La séduction 64-65

La reproduction 66-67
Les bébés animaux 68-69
L'alimentation 70-71
Prédateurs et proies 72-73
Drôles d'animaux 74-75

## Le corps humain 76>89

Os, muscles et organes 78-79
L'alimentation et la digestion 80-81
La circulation sanguine 82-83
Les cinq sens 84-85
Neuf mois pour naître 86-87
Les périodes de la vie 88-89

# Sommaire

## L'Histoire 90>119


La préhistoire 92-93
Les Égyptiens 94-95
Les Grecs, quels génies ! 96-97
Rome 98-99
Le Moyen Âge 100-101
La vie au Moyen Âge 102-103
La Renaissance 104-105
Les grandes découvertes 106-107
Louis XIV, le Roi-Soleil 108-109
La Révolution française 110-111
La révolution industrielle 112-113
La Première Guerre mondiale 114-115
La Seconde Guerre mondiale 116-117
Le monde depuis 1945 118-119

## Le monde d'aujourd'hui 120>151


Un monde bien peuplé ! 122-123
Les religions / Les langues 124-125
L'Europe 126-127
L'Union européenne 128-129
La France 130-131
L'Afrique 132-133
Salif vit au Mali 134-135
L'Asie 136-137
Parichat vit en Thaïlande 138-139
Amériques du Nord et du Sud 140-141
José vit aux États-Unis 142-143
L'Océanie 144-145
Les conflits dans le monde 146-147
Les droits de l'homme 148-149
La Terre polluée 150-151

## Les arts 152>163


Les livres 154-155
Le théâtre et le cinéma 156-157
L'art au musée 158-159
La musique et la danse 160-161
L'architecture 162-163

## Sciences et techniques 164>175


Des inventeurs de génie 166-167
Les transports 168-169
Comment ça marche ? 170-171
Les réseaux de communication 172-173
Les machines de l'usine 174-175

INDEX 176-180

# Le système solaire

*Il se compose d'une étoile, le Soleil, et de huit planètes qui tournent autour de lui. Une famille qui compte aussi des milliers d'autres petits astres...*

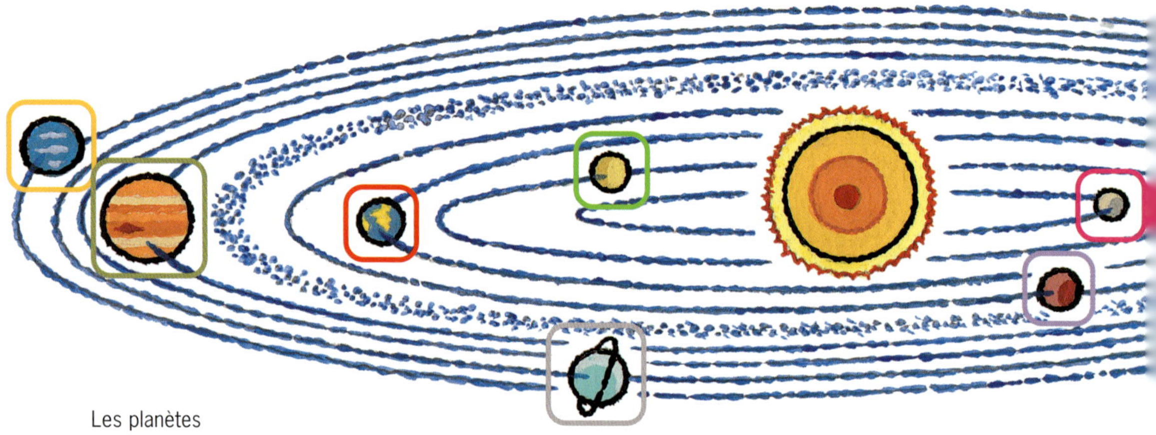

Les planètes sont **en orbite** autour du Soleil : elles tournent autour de lui en décrivant des ellipses, et elles tournent aussi sur elles-mêmes.

## LE SOLEIL

Il est **énorme** et attire, par le phénomène de la gravitation, tous les objets du système solaire, qui gravitent autour de lui. Vieux de 4,5 milliards d'années, il est aujourd'hui à la moitié de sa vie.

## MERCURE

C'est la plus proche du Soleil et **la plus rapide :** elle tourne autour de lui en 88 jours. Sur cette planète qu'on connaît à peine, il fait très chaud le jour (430 °C) et très froid la nuit (– 170 °C).

## VÉNUS

Vénus est **une vraie fournaise :** il y fait 470 °C le jour et la nuit. De quoi faire fondre du plomb ! Elle est recouverte de nombreux volcans dont certains sont peut-être encore actifs.

## LA TERRE

D'après ce que l'on sait, c'est la seule à abriter **la vie.** Située à distance idéale du Soleil, elle a une température moyenne de 15 °C. Elle possède une atmosphère et l'eau existe à sa surface à l'état liquide.

**Quatre planètes**, Mercure, Vénus, la Terre et Mars, ont un sol dur et rocheux. Elles sont dites telluriques. Les quatre autres planètes, Jupiter, Saturne, Uranus et Neptune, sont gazeuses : ce sont d'immenses boules de gaz, sans vrai sol, et toutes entourées d'anneaux de blocs de matières diverses. Le système solaire compte aussi des astéroïdes, des comètes et d'innombrables petits corps. Pluton a récemment été relayé au titre de planète naine ou petit corps. Les astéroïdes sont des rochers plus ou moins gros dont un grand nombre forme une ceinture entre Mars et Jupiter. Composées de glace et de poussières, les comètes tournent autour du Soleil en décrivant des ellipses très allongées.

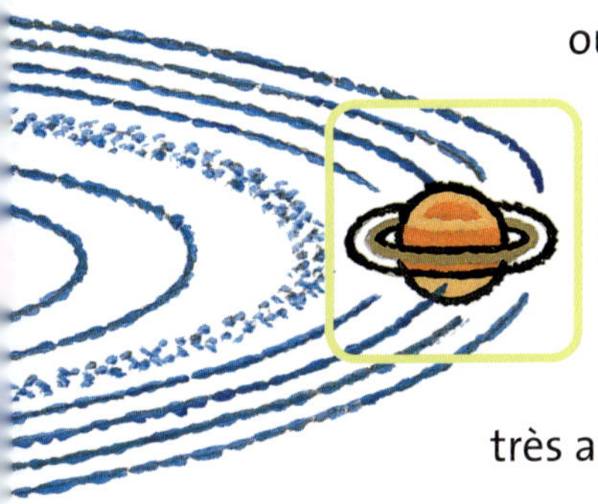

anecdote

### Hasard ou calculs...

Pas facile de découvrir ou, même, d'identifier une planète ! C'est le hasard qui a permis à William Herschel de comprendre, en 1781, qu'Uranus était une planète, alors qu'elle avait déjà été observée et confondue avec une étoile. Herschel lui-même l'a d'abord prise pour une comète. Quant à Neptune, on a prouvé son existence avant de l'avoir observée. De savants calculs ont permis à Le Verrier de prédire sa position en 1846. Galle l'a effectivement vue quelques mois plus tard.

**MARS**

Elle est **rouge** à cause du fer qui compose ses roches. Son sous-sol contient beaucoup de glace et peut-être de l'eau liquide. Elle possède un gigantesque volcan, le mont Olympe, qui s'élève à 27 km d'altitude.

**JUPITER**

C'est **la plus grosse** du système solaire. Il faut plus de temps pour en faire le tour que pour aller de la Terre à la Lune. On observe à sa surface une tache rouge : c'est un cyclone très ancien.

**SATURNE**

En 1610, Galilée a été le premier à remarquer **les anneaux** de Saturne. Ils se comptent par milliers et sont très fins : si leur diamètre est de 250 000 km et plus, leur épaisseur ne dépasse pas 1,5 km.

**URANUS**

Elle tourne autour du Soleil en étant presque **couchée** sur son orbite, alors que les autres planètes ne sont que légèrement inclinées, mis à part Vénus. Chacun de ses pôles est tour à tour éclairé ou plongé dans l'obscurité pendant 42 années.

**NEPTUNE**

Sa couleur **bleue** lui a valu son nom qui est celui du dieu de la mer romain. Cette couleur est due au méthane, un des gaz composant son atmosphère. C'est la planète la plus venteuse après Saturne, avec des vents à 2 000 km/h.

# Objectif : Lune !

*Quatre fois plus petite que la Terre, la Lune est le seul astre qui a été visité par les hommes. L'occuperont-ils un jour ? On peut se le demander…*

**La Terre et la Lune** forment un beau couple, liés par le fait que la Lune tourne inlassablement autour de la Terre. Située à 380 000 km de notre planète, elle est son satellite. Le contraste est total entre les paysages de la Terre, placés sous le signe du vivant, et ceux de la Lune, mornes et désertiques ! Pourtant notre planète et son satellite partagent une histoire commune. Et l'étude des roches lunaires nous renseigne sur les âges les plus anciens de la Terre.

### 1. LE DÉBUT

Il y a 4,5 milliards d'années, la jeune Terre a été heurtée par une planète de la taille de Mars. **La Terre et la Lune actuelles sont nées** de cette collision.

### 2. AU FIL DU TEMPS…

Depuis, **la Lune tourne autour de la Terre** en 28 jours environ. Elle lui présente toujours la même face, parce qu'elle tourne aussi sur elle-même en 28 jours.

### 3. JALOUSIE !

La Lune serait-elle jalouse du Soleil ? Elle est 400 fois plus petite que lui, mais elle est aussi 400 fois plus proche de notre planète. Lorsqu'elle vient se placer entre eux deux, elle cache le Soleil à la Terre : c'est **une éclipse de Soleil.**

### 4. BIENTÔT LA FIN ?

**La Lune s'éloigne** de la Terre d'environ 3 cm par an. Il y a 3 milliards d'années, elle était d'un tiers plus proche de notre planète. Si elle continue à s'éloigner de la sorte, il n'y aura plus d'éclipse totale de Soleil.

Depuis la Lune, la Terre apparaît comme **une boule bleue,** avec ses mers et ses océans. Entre 1969 et 1972, douze astronautes américains ont marché sur la Lune. Le premier d'entre eux a été Neil Armstrong.

La Lune ne possède pas d'atmosphère. Elle pourrait ainsi être **un site d'observation astronomique** idéal, sans les perturbations atmosphériques qui gênent les astronomes sur Terre.

Les hommes pourraient aussi installer **un astroport** sur la Lune : la pesanteur y est six fois plus faible que sur la Terre. Une fusée peine donc beaucoup moins à décoller et à s'arracher à son attraction.

Il fait **très chaud** (120 °C) le jour ou **très froid** (– 180 °C) la nuit.

**La surface de la Lune** est formée de vastes étendues planes appelées mers, de profonds cratères et de montagnes : la plus haute atteint 8 200 m. Le sol lunaire est fait de roches et de poussières.

Le paysage lunaire connaît une érosion lente. **Les traces de pas** des astronautes sont donc toujours visibles.

Sur Terre, l'atmosphère filtre les rayons solaires et cosmiques qui sont nocifs. Sur la Lune, il faudrait s'en protéger en se couvrant de combinaisons spéciales ou en se réfugiant dans **des abris souterrains.**

À cause de l'absence d'atmosphère, les météorites peuvent s'écraser sur le sol et creuser **des cratères.** La poussière qui est alors soulevée retombe lentement.

Sur Terre, les sons sont portés par l'air. Comme il n'y a pas d'air sur la Lune, **le son de la voix** ne peut se faire entendre. Restent les gestes...

# Les étoiles et l'Univers

*À l'œil nu ou avec une simple lunette astronomique, on peut déjà observer beaucoup de choses dans le ciel et mieux comprendre comment se compose l'Univers.*

**L'Univers est né**, il y a 13,7 milliards d'années, lors d'une gigantesque explosion appelée Big-Bang. Depuis, il n'a cessé de s'étendre. Très chaud à sa naissance, il s'est refroidi peu à peu et a engendré les étoiles regroupées en galaxies, les planètes et les autres astres... Aujourd'hui, les astronomes observent l'Univers qui continue de s'étendre. Mais on ne connaît pas encore son avenir : va-t-il rester tel qu'il est ou se recroqueviller et s'effondrer sur lui-même ?

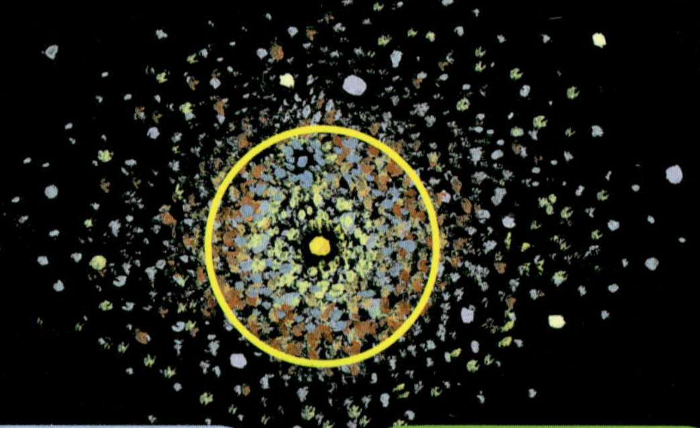

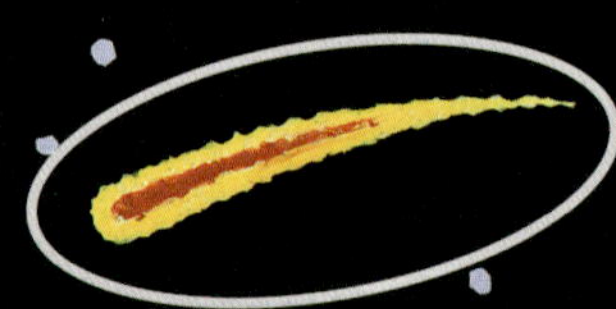

Pour observer le ciel, les anciens ont inventé des dessins qui reliaient plusieurs étoiles entre elles : les constellations. **La constellation de la Grande Ourse** ressemble ainsi à une casserole. Ils ont positionné ces dessins sur un plan qui ne tient pas compte des distances.

Les étoiles ne sont pas toutes blanches. Certaines sont **colorées.** La couleur dépend de la température à la surface de l'étoile : si le Soleil est jaune, c'est parce qu'il fait 6 500 °C à sa surface. Les plus chaudes sont bleues et dépassent 30 000 °C.

Les étoiles naissent, vivent et meurent. Les plus massives ont une vie courte et meurent vite. Elles explosent violemment : ce sont **les supernovae.** Moins massif, le Soleil explosera dans 4,5 milliards d'années. Puis il se contractera avant de mourir lentement.

Sur cette photographie, toutes les étoiles semblent tourner autour de **l'étoile Polaire,** qui paraît immobile. En réalité, c'est nous qui tournons. Si l'étoile Polaire paraît ne pas bouger, c'est parce qu'elle est située dans le prolongement de l'axe de rotation de la Terre.

## Combien y a-t-il d'étoiles dans le ciel ?

On peut voir 6 000 étoiles à l'œil nu dans le ciel. Mais en réalité, il en existe beaucoup plus. Notre galaxie en compte déjà 100 milliards et il existe 100 milliards de galaxies qui contiennent tout autant d'étoiles. Des chiffres vertigineux, à peine envisageables, qui sont à l'image de l'immensité de l'Univers !

Les étoiles produisent leur propre lumière, alors que les planètes réfléchissent la lumière de l'étoile qui les éclaire. C'est pourquoi elles brillent la nuit. Certaines, comme **Vénus,** appelée aussi étoile du Berger, sont très brillantes, alors que d'autres, comme Uranus et Neptune, sont invisibles à l'œil nu.

Quand **une comète** s'approche du Soleil, son noyau de glace et de poussière se réchauffe et éjecte de la matière qui crée une chevelure brillante. Certaines comètes ont un parcours régulier, comme la comète de Halley qui passe tous les soixante-seize ans près du Soleil et de la Terre.

En mourant, certaines étoiles très massives produisent des objets étonnants : **les trous noirs.** Ils sont tellement denses qu'ils avalent tout ce qui passe à leur portée. Rien, ni matière, ni lumière, ne peut s'échapper d'eux. Ils sont donc invisibles. On pense qu'il y a un trou noir au centre de chaque galaxie.

Les étoiles se regroupent souvent pour former des galaxies. Il en existe des milliers de formes et de tailles diverses. La belle traînée laiteuse que l'on observe les nuits d'été est **la Voie lactée,** la galaxie à laquelle appartient notre système solaire.

# Observer et conquérir l'espace

*Les hommes développent des outils de plus en plus perfectionnés pour mieux connaître l'espace.*

Depuis 1957, des milliers de **fusées** ont quitté la Terre. Composées de plusieurs étages, elles emportent des hommes et des satellites dans l'espace et ne sont utilisables qu'une seule fois.

## Sur Terre

**Les télescopes optiques** captent la lumière des objets célestes grâce à des miroirs. Ils sont souvent installés en altitude où la pollution et les perturbations atmosphériques sont moins importantes. Le VLT du Chili est l'un des plus puissants.

**Les radiotélescopes,** qui sont de grandes antennes paraboliques, perçoivent les ondes radio émises par les objets célestes. Au Nouveau-Mexique (États-Unis), le VLA est composé de 27 paraboles.

Dans les observatoires, **les astronomes** analysent les informations fournies par les télescopes terrestres ou spatiaux et font de savants calculs sur ordinateurs.

## Pourquoi déployer autant de moyens

**Par curiosité scientifique.** Les hommes veulent comprendre comment s'est formé l'Univers, connaître ses composants, évaluer son avenir. Bref, découvrir le maximum de choses sur cette immensité qui nous entoure.

**Pour trouver une vie extraterrestre.** En 1977, la sonde Voyager a emporté un message adressé aux extraterrestres. Par ailleurs, le programme d'écoute pour une intelligence extraterrestre SETI n'a toujours rien donné.

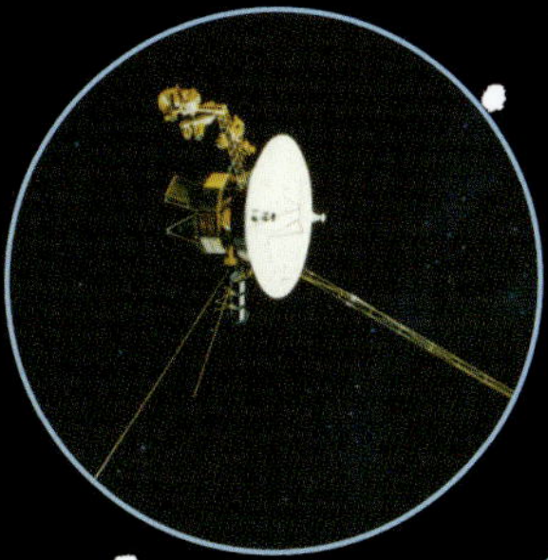

**Les sondes spatiales** tournent autour de la Terre ou voyagent dans notre système solaire. Équipées de capteurs, elles ont étudié toutes les planètes. Lancée en 1997, la sonde Cassini-Huygens a abordé Saturne en 2004.

Le satellite Hubble est **un télescope optique** situé à 610 km d'altitude : il ne subit donc pas les perturbations de l'atmosphère et offre des images plus nettes que les télescopes terrestres.

## Va-t-on coloniser Mars ?

Peut-être dès 2030. Le voyage et le séjour dureront environ 2-3 ans, ce qui risque d'être long pour les astronautes. Sur Mars, installés dans une gigantesque station, les hommes tenteront d'exploiter les ressources de la planète (fer, potassium, calcium) et surtout l'eau glacée enfouie sous sa surface. En attendant, des astronautes s'entraînent à bord de la Station spatiale internationale et en 2001, une équipe de scientifiques a installé une base martienne sur l'île de Devon (Arctique canadien) dont les conditions climatiques et l'environnement sont très proches de ceux de Mars.

**a navette spatiale** méricaine décolle comme ne fusée et atterrit comme un avion, rès avoir tourné autour de la Terre. le transporte des hommes qui font es expériences et réparent les satellites.

Pendant près de 15 ans, **la station spatiale** soviétique Mir a hébergé de nombreux astronautes qui se sont relayés à son bord. Aujourd'hui, la Station spatiale internationale (ISS) a pris la relève.

***Pour exploiter des ressources naturelles,*** *comme le fer des astéroïdes ou l'énergie du Soleil. Cela pourrait être intéressant pour les hommes, qui surexploitent les ressources de la Terre.*

C'est par avion, bateau, camion que l'on transporte **les différents morceaux de la fusée** qui sont assemblés dans un hall proche de l'aire de lancement.

***Pour sauver l'humanité :*** *dans 5 milliards d'années, avant de mourir, le Soleil grossira au point d'engloutir la Terre. D'ici là, il faudra peut-être s'être installé sur une autre planète.*

Au sol, des centaines de personnes (ingénieurs, techniciens…) participent à l'aventure spatiale. Dans **la salle de contrôle,** au décollage de la fusée, des ordinateurs suivent le déroulement des opérations.

# La Terre

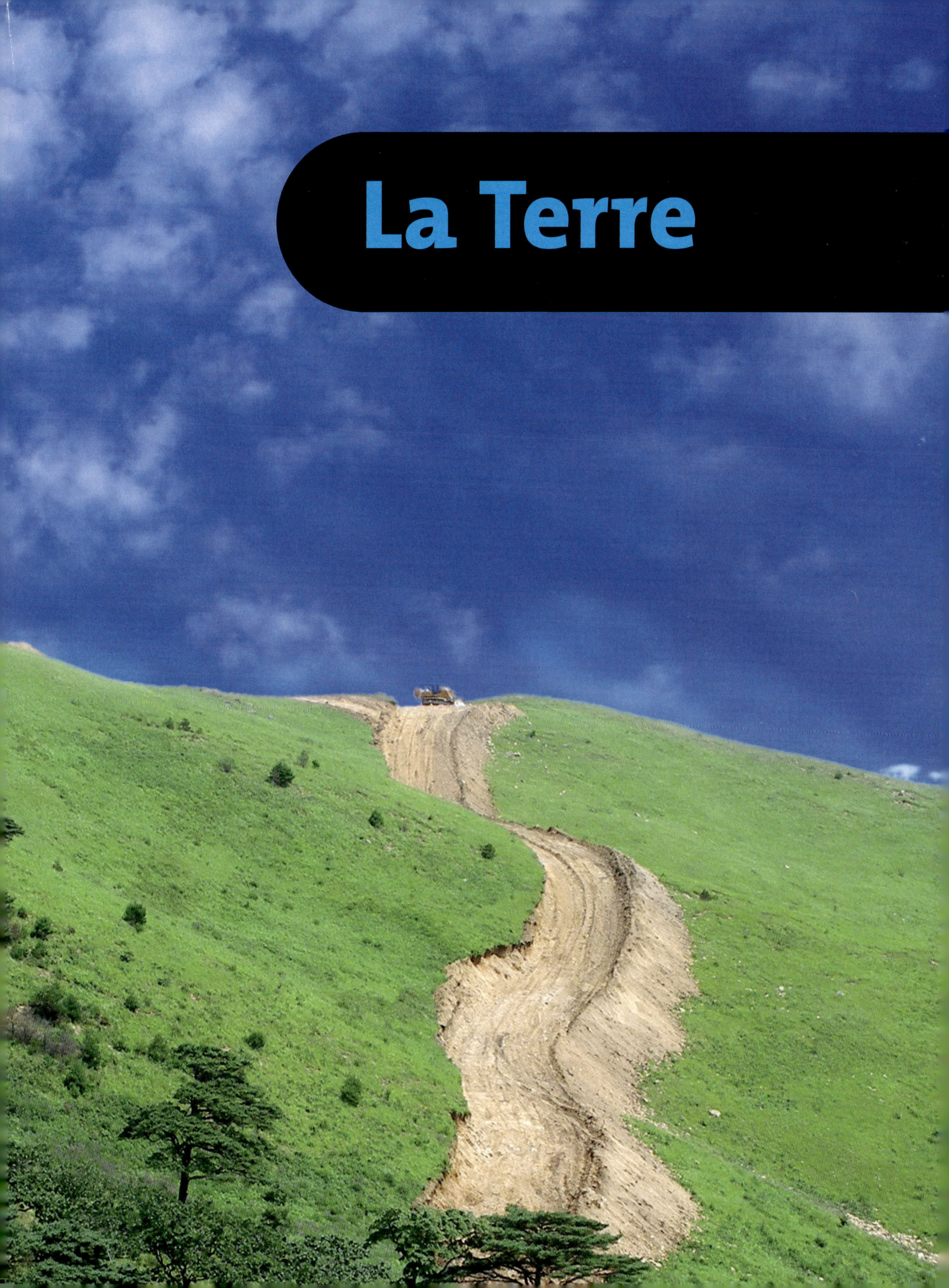

# Notre vaste Terre

*Notre planète est une grosse boule rocheuse. Nous l'avons compris au fil des siècles, après l'avoir imaginée plate, et après avoir entrepris bien des voyages sur les terres et les mers.*

**4e siècle av. JC**
**Alexandre le Grand** va jusqu'en Inde avec ses armées.

**4e siècle av. JC**
Le marin grec **Pythéas** parcourt les mers jusqu'en Angleterre.

**1275/14e siècle**
**Marco Polo** arrive en Chine par la terre, **les navigateurs arabes** par la mer.

**1492**
**Christophe Colomb** traverse l'Atlantique et découvre l'Amérique.

**1522**
Un des navires de **Magellan** fait le tour du monde. La Terre est bien ronde !

**1909/1911**
L'Américain **Peary** atteint le pôle Nord, le Norvégien **Amundsen** le pôle Sud.

**Cette drôle de carte du 11e siècle** représente les contours de la Méditerranée. Les représentations de la Terre furent longtemps imprécises et en partie imaginaires.

On croyait que **des monstres marins** peuplaient les mers les plus lointaines.

**Nos ancêtres** pensaient que la Terre était plate. Ils craignaient que les voyageurs qui s'aventuraient trop loin tombent dans un trou. Il y a 2 600 ans, le savant grec Pythagore avait bien supposé que notre planète était ronde, mais son idée tomba aux oubliettes. Ce n'est qu'au 16e siècle, avec les premières expéditions autour du globe, que l'on eut la certitude que la Terre était ronde. Peu à peu, on en explora toute la surface.

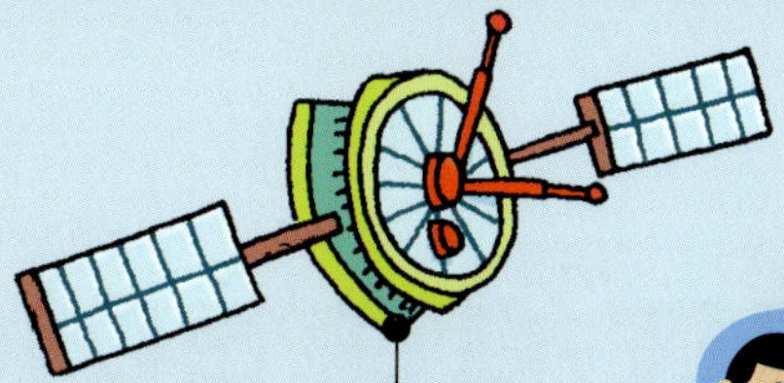


**Aujourd'hui,** nous n'avons plus de grands territoires inconnus à découvrir ! Mais toutes sortes de techniques et de véhicules nous permettent de connaître de mieux en mieux notre planète, d'aller dans ses lieux les moins accessibles : les régions polaires, les déserts, les plus hauts sommets ou les forêts tropicales à la végétation très dense.

### Est-on allé dans tous les recoins de la Terre ?

Non, quelques petits territoires très reculés demeurent quand même hors de tout contact avec le monde moderne : une parcelle de forêt amazonienne, un îlot, un coin de désert… Certains sont inhabités, d'autres peuplés par de petits groupes humains qui se sont adaptés aux conditions difficiles. Ces lieux ont encore bien des mystères à nous livrer, des millions de plantes, d'animaux à nous faire découvrir…

Dans les années 1960, les hommes voient pour la première fois **la Terre photographiée par des satellites.**

# Tout autour du Soleil

*Notre planète est une grosse boule qui file dans l'espace à 100 000 km/h et fait le tour du Soleil en 365 jours. Elle tourne aussi sur elle-même en 24 heures.*

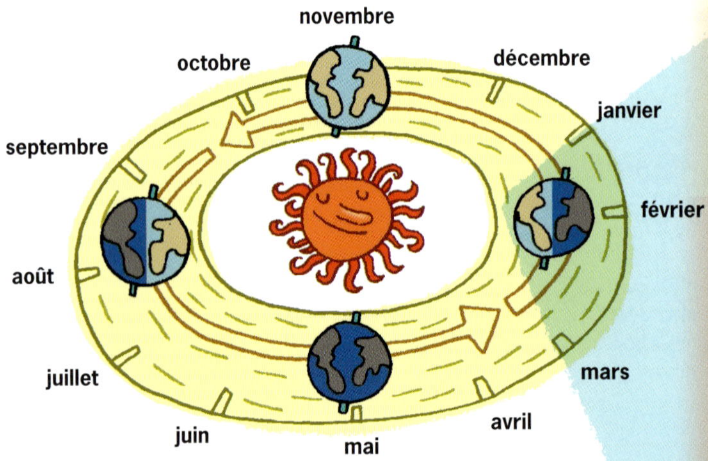

## La Terre penche de 23,5 degrés par rapport à la verticale. Voilà le secret des saisons. En effet, selon la position de la Terre par rapport au Soleil, le Nord et le Sud ne reçoivent pas la même quantité de rayons solaires et donc de chaleur. En février, c'est l'hiver au Nord et l'été au Sud, qui est « tourné » vers le Soleil. En août, c'est l'inverse. La Terre a parcouru la moitié de sa rotation autour du Soleil. C'est l'été au Nord, « tourné » vers le Soleil, et l'hiver au Sud.

**En février dans l'hémisphère Sud**

Les rayons frappent à la verticale l'hémisphère Sud : c'est l'été.

**En février dans l'hémisphère Nord**

Dans le Nord, les rayons arrivent inclinés : c'est l'hiver.

## Combien mesure la Terre ?

Sur l'équateur, la ligne qui sépare les hémisphères Nord et Sud, le tour de la Terre est de 40 024 km, soit environ quarante fois la distance entre Lille et Marseille ! Mais si on mesure le tour de la Terre en suivant une ligne passant par les pôles, la valeur est un tout petit peu plus faible car notre planète n'est pas tout à fait ronde : elle est légèrement aplatie aux pôles.

**Le matin,** le Soleil monte dans le ciel, l'après-midi, il descend et disparaît derrière l'horizon. Aurait-il la bougeotte ? Non, le Soleil ne bouge pas. C'est la Terre qui tourne sur elle-même en 24 heures et fait naître le jour et la nuit : le jour pour ceux qui sont dans la moitié de notre planète éclairée par le Soleil, la nuit pour les autres. Et comme la Terre n'arrête pas de tourner, le jour et la nuit se succèdent constamment.

# Une planète de roche et de feu

Le mont Saint Helen's, un volcan de l'ouest des États-Unis, crache **un nuage de cendres.**

*Notre planète est vivante : elle bouillonne, bouge et crache de ses volcans des panaches de lave et de fumée. Faisons un voyage sous et sur la croûte terrestre, à la rencontre des roches, des océans, des continents…*

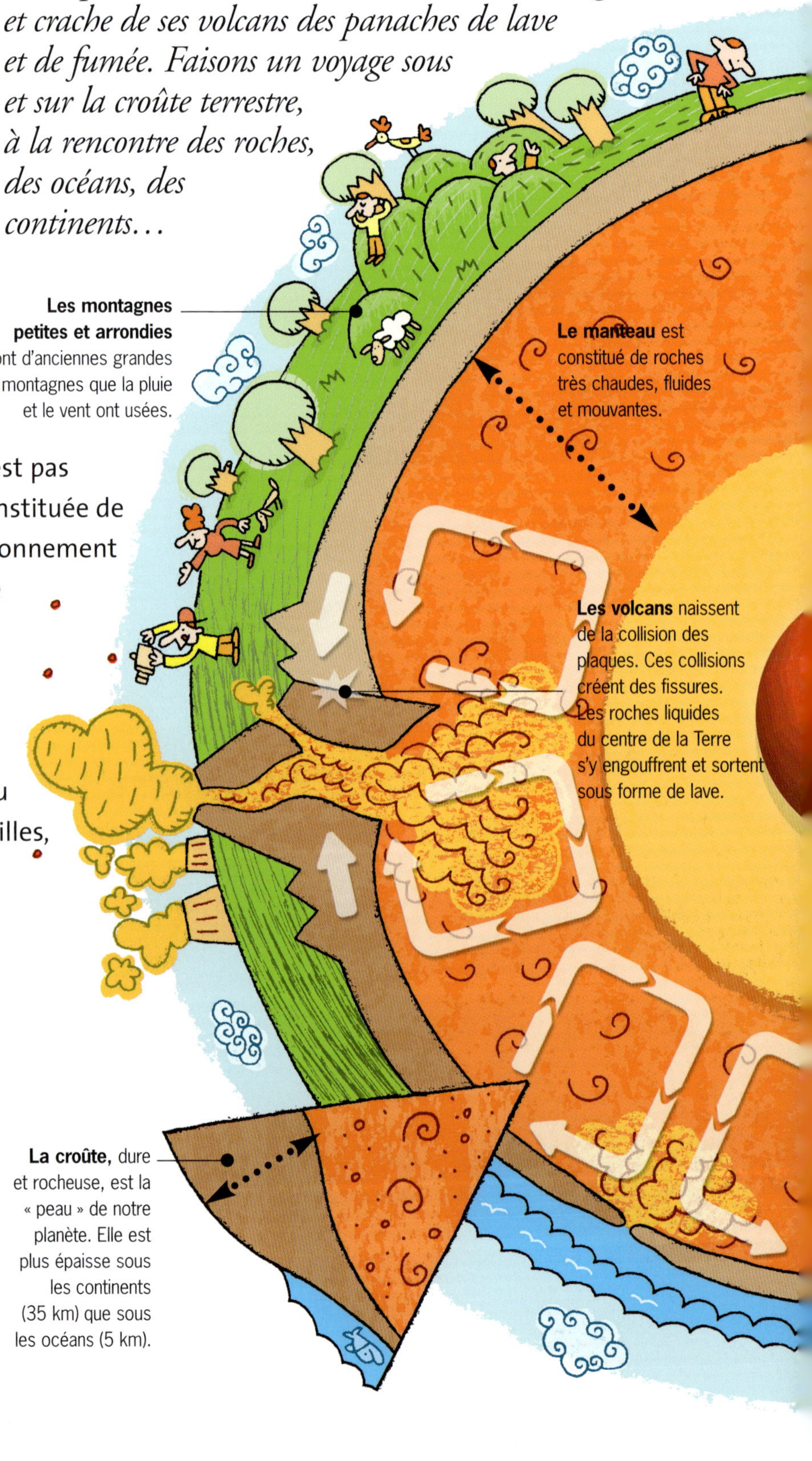


La surface de la Terre n'est pas immobile. La croûte terrestre est constituée de plusieurs plaques. À cause du bouillonnement des roches situées au cœur de notre planète, ces plaques se déplacent les unes par rapport aux autres. Elles ne bougent que de quelques centimètres par an, mais sur de très longues périodes, ces séparations ou ces chocs donnent naissance aux failles, aux montagnes, aux volcans...

**infos chiffrées**

**4** km, c'est la plus grande profondeur à laquelle l'homme s'est enfoncé vers le centre de la Terre. Cela s'est passé dans une mine, en Afrique du Sud.

**13** km, c'est la taille du trou le plus profond creusé par l'homme dans la croûte terrestre : un forage en Russie.

**6 000** °C, c'est la température qui règne au centre de la Terre.

Lorsque deux plaques s'écartent l'une de l'autre, **d'immenses failles se forment.** La plupart sont au fond des océans.

Quand deux plaques entrent en collision, les roches se plissent, s'écrasent et se soulèvent. **Ainsi naissent les montagnes.**

**La partie interne du noyau** est composée de métaux solides…

**… et sa partie externe** de métaux liquides.

Quand, au milieu de l'océan, les roches très chaudes du centre de la Terre percent la croûte, **des volcans** se forment.

**Plusieurs volcans** peuvent se suivre à la queue leu leu. Le plus récent est le plus grand, les plus anciens s'enfoncent peu à peu dans l'eau.

**La faille de San Andreas** mesure plus de 1 000 km de long.

En Californie, deux plaques se déplacent parallèlement l'une à l'autre, mais en sens inverse. Elles créent **la faille de San Andreas** et provoquent de terribles tremblements de terre.

Un des sommets de la chaîne des montagnes de **l'Himalaya.**

Il y a 70 millions d'années, **la plaque portant l'Inde s'est mise en mouvement** vers la plaque asiatique.

Il y a 15 millions d'années, **ces plaques sont entrées en collision, faisant naître l'Himalaya.** Aujourd'hui, elles continuent à s'écraser l'une contre l'autre, et l'Himalaya grandit toujours !

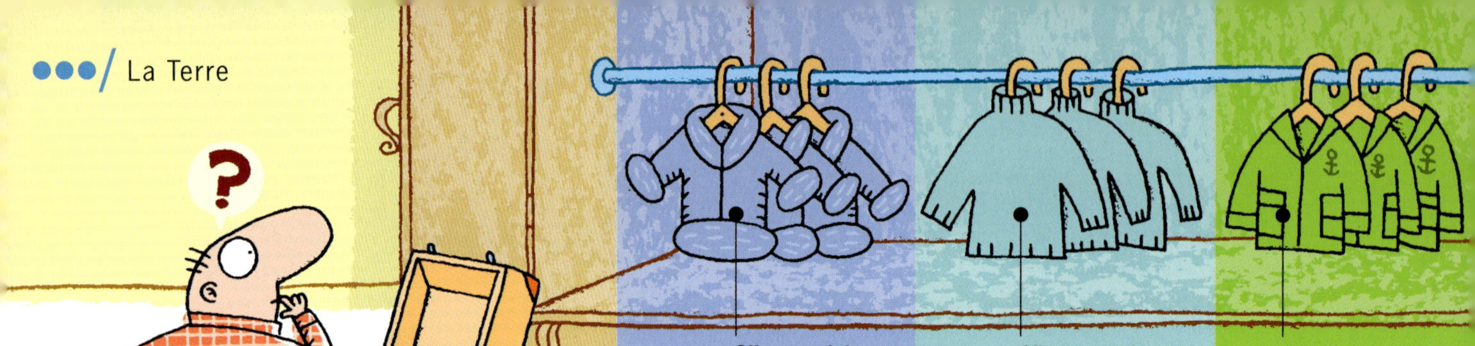

**Climat polaire**
La température est toujours négative, sauf durant quelques semaines de l'année.

**Climat continental**
Les hivers sont très froids et secs, les étés très chauds.

**Climat océanique**
Il ne fait ni très chaud l'été, ni très froid l'hiver.

# Tous les climats de la Terre

*Chaud, froid, avec ou sans vent, sec ou pluvieux. Le temps change selon l'endroit de la Terre où l'on se trouve.*

Océanique, méditerranéen, semi-continental, montagnard. En France, il y a **quatre climats !**

En Asie, il pleut énormément plusieurs mois par an. C'est **la mousson.**

Le climat méditerranéen existe aussi **en Californie,** dans l'ouest des États-Unis, et **en Australie !**

**Le climat** est le temps qu'il fait dans une région tout au long de l'année. De lui dépendent la végétation et les animaux que l'on trouve dans chaque endroit de la planète, tout comme la manière dont les hommes vivent, ce qu'ils mangent, comment ils s'habillent. On différencie huit grands climats sur l'ensemble de la Terre. Bien sûr, la limite entre deux zones climatiques n'est pas toujours très nette. À certains endroits, comme en France, on ressent l'influence de plusieurs climats.

● Sous les pluies abondantes et les grosses chaleurs vivent **le plus grand nombre** de plantes et d'animaux de la planète.

anecdote

## Quand l'océan fait la pluie et le beau temps

New York, aux États-Unis, et Porto, au Portugal, sont sur la même latitude, c'est-à-dire à la même distance de l'équateur. Il devrait donc y faire le même temps. Pourtant, en hiver, il y a toujours de la neige à New York et presque jamais à Porto. C'est qu'un courant froid marin refroidit New York et qu'un courant chaud réchauffe Porto. Sacré océan !

**Climat méditerranéen**
Il fait doux l'hiver, chaud et sec en été.

**Climat aride et désertique**
Il fait très chaud la journée et parfois très froid la nuit. Il pleut très peu.

**Climat tropical**
Il fait très chaud. L'année est coupée en deux : une saison sèche et une saison humide, très pluvieuse.

**Climat équatorial**
Il n'y a pas de saisons. Le temps est le même tous les jours de l'année : chaud et humide.

**Climat montagnard**
L'hiver est très froid, avec beaucoup de neige et de glace.

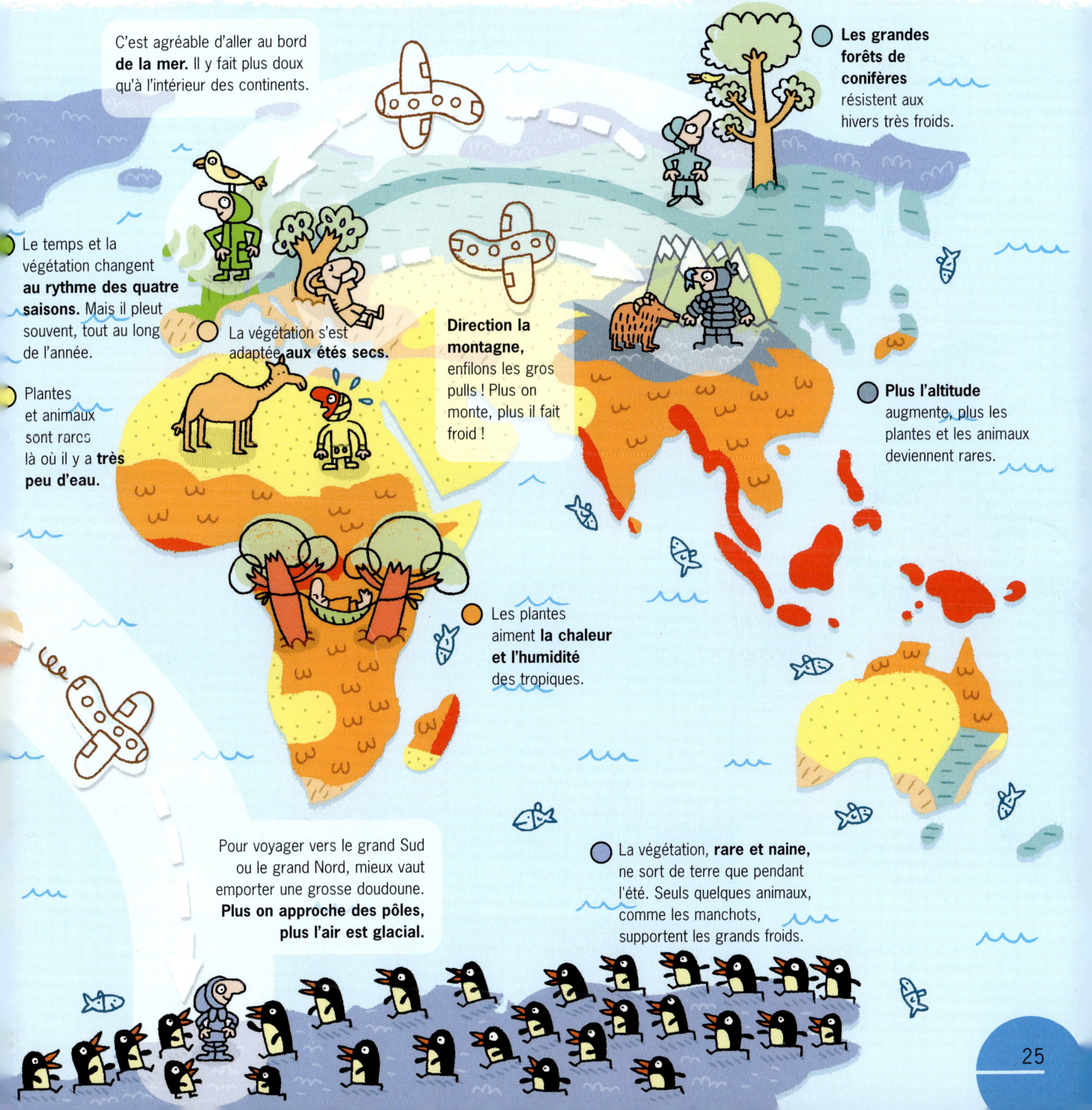

# Terre de contrastes

*Voici deux régions dont les climats sont opposés : le désert du Sahara, en Afrique, et la forêt équatoriale d'Amazonie, en Amérique du Sud.*

## Les déserts sont faits de dunes de sable mais aussi de grandes étendues de pierres, de montagnes et d'oasis. Il y fait très chaud et les pluies y sont rares. Pourtant, des êtres vivants réussissent à y vivre : les plantes, en récupérant l'humidité nocturne et en puisant l'eau profondément dans le sol ; les animaux, en vivant surtout la nuit et en s'abritant du soleil pendant la journée.

**Dans une oasis**, la végétation pousse grâce à la présence d'un point d'eau, à la surface ou dans le sous-sol peu profond. La plupart des oasis sont cultivées.

**Les dunes** sont de petites montagnes de sable formées par le vent. Leurs formes varient : allongées, en étoile, en croissant…

**Les antilopes** sont parmi les seuls grands animaux à résister à la chaleur du désert.

**Les populations nomades** du désert voyagent sur des dromadaires et vivent dans des tentes, faciles à transporter.

**Les serpents** se déplacent en se soulevant pour ne pas se brûler le ventre.

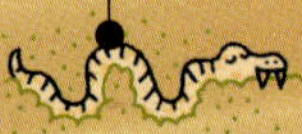

**Avec leurs grandes oreilles,** le fennec, le lièvre et la souris du désert évacuent la chaleur. **Avec leurs grandes pattes,** ils sautent sur le sable brûlant.

La première petite pluie fait verdir les herbes et les petits buissons. Mais la plupart du temps, cette végétation reste **jaune et sèche.**

### Le Sahara

- **Superficie :** 1/4 de l'Afrique ou 15 fois la France.
- **Particularité :** le plus grand désert chaud de la planète.
- **Températures :** plus de 50 °C l'été.
- **Pluies :** quelques averses dans l'année.

Pendant la journée, **le scorpion** se réfugie sous des pierres ou dans de petits terriers.

**De grands arbres solitaires** dépassent de la forêt, atteignant parfois 70 m de hauteur. Les oiseaux prédateurs vivent dans ces cimes.

## La forêt amazonienne

- **Superficie :** 2/5e de l'Amérique du Sud ou 10 fois la France.
- **Particularité :** abrite les plus puissants fleuves et rivières de la planète.
- **Températures :** de 25 à 28 °C toute l'année.
- **Pluies :** 200 jours de pluies abondantes par an.

La partie supérieure de la forêt, baignée de lumière, s'appelle **la canopée.** C'est là que vivent le plus grand nombre d'animaux.

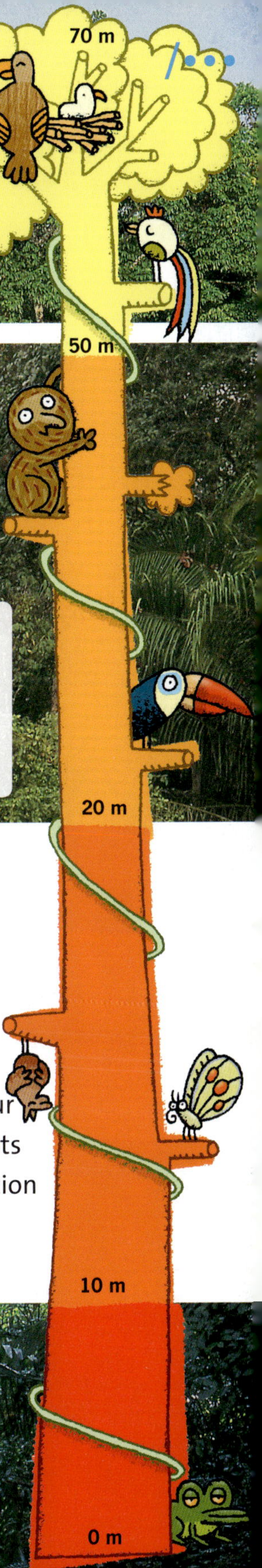


**Le centre de la forêt** est un enchevêtrement de troncs, de lianes et de feuillage.

# Les forêts équatoriales

sont des forêts chaudes et très humides. La vie y est exubérante. C'est là que vivent le plus grand nombre d'espèces végétales et animales. Ces forêts sont constituées de plusieurs « étages » où chaque animal et chaque plante ont réussi à s'adapter pour vivre. Malheureusement, beaucoup de forêts équatoriales sont détruites pour l'exploitation de leur bois ou pour être transformées en plantations.

**Il fait très sombre** au pied des grands arbres car la végétation est si dense qu'elle laisse passer peu de lumière.

# Une planète d'eau

*De toutes les planètes du système solaire, la Terre est la seule où la vie a pu se développer. Quel est le secret de ce miracle ? L'eau ! Elle est présente partout et dans tous ses états.*

Dans le ciel, la vapeur se condense et forme des nuages. Poussés par le vent, **ils transportent l'eau** sur des centaines de kilomètres.

L'air que nous respirons est plus ou moins humide : il contient de la vapeur, c'est-à-dire **de l'eau à l'état gazeux.**

**Les barrages** produisent de l'électricité.

**Les trois quarts de l'eau** qui s'évapore retombent sur les mers et les océans. Le reste arrose les continents.

**L'eau est une grande voyageuse** qui ne cesse de se déguiser. Elle quitte la mer à l'état liquide pour se retrouver gazeuse dans l'air puis retomber sous forme de glace dans la montagne. Là, son périple continue, elle redevient liquide, coule sur le sol, dans les fleuves et les rivières, et rejoint la mer, son point de départ. Tout au long de ce cycle, l'eau profite aux organismes vivants. Elle est le constituant principal des plantes et des animaux, dont nous, les êtres humains, et elle nous est indispensable pour vivre. Nous l'utilisons à chaque instant, pour boire, arroser, produire de l'électricité... L'eau est précieuse !

Sous la chaleur du soleil, l'eau de la mer, des lacs et des rivières, du sol et des plantes **s'évapore dans l'air** sous forme de vapeur.

Une partie de la pluie s'infiltre dans le sol et form des rivières et des réserves d'eau souterraines, appelées **nappes phréatiques.**

**Les nuages** sont formés de micro-gouttelettes en suspension qui retombent ensuite sous forme de pluie, de grêle ou de neige.

Une partie de la pluie coule sur la terre et rejoint les lacs, les fleuves et les océans. On dit qu'**elle ruisselle.**

Des réserves d'eau sont stockées **dans des châteaux d'eau**.

La glace et la neige sont de **l'eau à l'état solide.** Elles recouvrent les paysages en hiver et, toute l'année, les plus hauts sommets des montagnes.

L'eau permet de faire pousser des légumes, des fruits. Quand il ne pleut pas assez, il faut **arroser.**

En bouteille ou coulant du robinet, **l'eau à l'état liquide** fait partie de notre vie de tous les jours. Dans la nature, elle forme la pluie, les fleuves, les océans...

## Et si l'eau disparaissait...

**... les plantes** mourraient car elles ne peuvent survivre sans eau.

... la surface de la Terre deviendrait **un désert** comme celle de la Lune ou de Mars.

... il n'y aurait plus ni hommes ni animaux. La Terre serait **une planète sans vie.**

# Mers et océans

*On connaît bien les bords de mer, mais les grandes profondeurs des océans cachent de nombreux secrets. Plongée en eau bleu nuit…*

**Dans les marais salants,** le sel de la mer est récupéré. On le retrouve ensuite dans nos assiettes.

**Des plates-formes pétrolières** pompent le pétrole du sous-sol marin grâce à de gros tuyaux. Elles sont situées au niveau du plateau continental, là où il y a peu de profondeur.

**Les vagues** naissent sous le souffle du vent. Près des côtes, elles se brisent, formant rouleaux et écume.

**La pente** tout près des côtes est très riche en végétaux, en coraux et en poissons. C'est là que les poissons se nourrissent et se reproduisent.

**Le littoral** est la frontière entre la terre et la mer. Il est formé de plages, de dunes, de falaises…

**Les petits poissons** vivent en group (en « banc ») afin de mieux se défendre.

**Le plateau continental** est situé à proximité des côtes. C'est le prolongement direct des terres émergées. Sa profondeur dépasse rarement les 200 mètres.

**Le talus continenta** ressemble à une gigantesque falaise sous la mer. Il desce en pente raide vers l grandes profondeurs sous-marines.

## Les records des mers et des océans

- **L'océan Glacial Arctique,** situé autour du pôle Nord, est le plus froid.
- **La mer d'Aral** est en grande partie asséchée. On a trop pompé l'eau des rivières qui l'alimentaient.
- **L'océan Atlantique** est traversé par le plus fort courant marin, le Gulf Stream.
- **La mer Méditerranée** est la plus grande mer de la planète.
- **La mer Morte** est extrêmement salée. Aucune vie ne peut s'y développer.
- **L'océan Pacifique** est le plus grand de tous les océans.

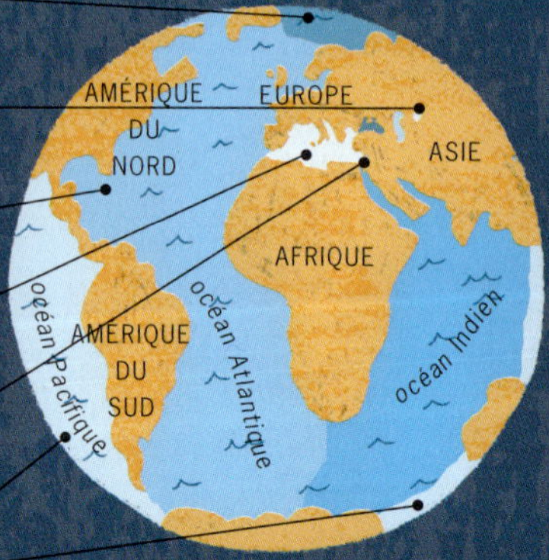

**71 % de la surface** de la Terre sont recouverts par les mers et les océans. Les océans sont vastes et s'étendent d'un continent à l'autre ; les mers, plus petites, sont situées près des côtes. Des millions de bateaux les parcourent en tous sens pour pêcher, voyager ou transporter des marchandises. Les bords de mer sont très peuplés. C'est dans les faibles profondeurs, tout près des rivages, que se concentre la vie végétale et animale : algues, coraux, poissons... Les grands fonds sont quant à eux encore inexplorés. Ils recèlent des paysages spectaculaires composés de plaines immenses et de reliefs vertigineux.

**Les navires de commerce** transportent 70 % des marchandises échangées sur la planète. Les pétroliers, en nettoyant leurs cuves en pleine mer ou en faisant naufrage, déversent des tonnes de pétrole dans les océans.

**Les baleines, les dauphins, les thons** et les autres grands animaux marins parcourent de grandes distances.

**Une île volcanique** est un volcan né sous la mer et qui sort la tête de l'eau.

**Sur la plaine abyssale** s'élèvent des montagnes et des cônes d'où s'échappent des gaz.

Les hommes ne peuvent pas respirer sous l'eau. Ils doivent plonger avec **des bouteilles remplies d'oxygène.**

**Un scaphandre** est une combinaison rigide alimentée en air qui permet de descendre jusqu'à plusieurs centaines de mètres.

**Un sous-marin** est un navire capable de naviguer sous l'eau, jusqu'à plusieurs milliers de mètres de profondeur.

Les navires qui ont coulé se transforment en **épaves**. Elles servent de refuge aux poissons.

**Les fosses océaniques** sont des zones très profondes. La plus grande s'enfonce jusqu'à 11 km sous la surface !

**Une dorsale** est une chaîne de montagnes traversées par une fissure. Des roches en fusion venues de l'intérieur de la Terre s'en échappent.

**Une faille** apparaît quand le fond de l'océan se casse.

**La plaine abyssale** est une immense étendue, située jusqu'à 4 000 mètres sous la surface.

**Même à 3 000 ou 4 000 mètres de profondeur,** on trouve des êtres vivants, surtout près des volcans, car la température y est plus élevée.

# Une planète d'air

*Parmi les planètes du système solaire, seule la Terre possède une atmosphère, une couche d'air protectrice qui a permis à la vie de se développer. Prenons-en soin !*

**L'atmosphère** est une masse d'air qui enveloppe la Terre jusqu'à 700 km d'altitude. L'air y est constitué d'azote (à 78 %), d'oxygène (à 21 %) et d'autres gaz en faible quantité (gaz carbonique, hydrogène, méthane, ozone...). L'air devient de plus en plus rare à mesure qu'on s'élève. L'atmosphère régule la température à la surface de notre planète grâce à l'effet de serre. Elle filtre également des rayons solaires mortels, les ultraviolets. Sans atmosphère, la vie n'existerait pas !

### L'hétérosphère

Bientôt **l'espace !** Ici, l'air est très rare.

**Les météorites** sont des cailloux qui voyagent dans l'espace. Elles sont brûlées et détruites en entrant dans l'atmosphère.

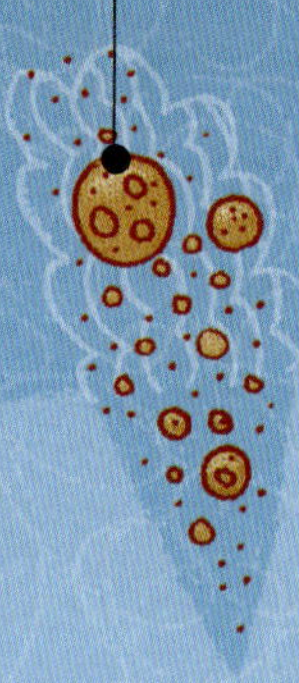

### La mésosphère

Cette couche nous protège **des météorites** qui brûlent en formant des « étoiles filantes ».

### La stratosphère

Ici, **l'ozone** absorbe les rayons ultraviolets.

À forte dose, **les rayons solaires ultraviolets** sont mortels. Heureusemen ils sont détruits par un gaz présent dans la stratosphère : l'ozor

### La troposphère

C'est dans la couche inférieure de l'atmosphère que naissent **le vent, les nuages et la pluie.**

Grâce à l'atmosphère, qui régule la température et filtre les rayons solaires nocifs, **les êtres humains, les animaux et les plantes** peuvent vivre sur la Terre.

700 km

-1 200 °C

La température de l'atmosphère passe par **des bas et des hauts.** Elle chute, remonte un peu, puis baisse considérablement avec l'altitude.

**Les satellites** tournent entre 400 et 1 500 km.

**Depuis deux siècles,** les hommes abîment considérablement l'atmosphère. Chauffages, usines, avions, bateaux, voitures crachent des gaz et des poussières, et cette pollution, que nous respirons, cause de graves maladies. Certains de ces gaz renforcent également l'effet de serre et participent sans doute au réchauffement de notre planète. D'autres enfin, utilisés il y a quelques années dans les réfrigérateurs et les bombes aérosols (celles qui font «pschiit»), ont détruit une partie de la couche d'ozone qui nous protège des rayons ultraviolets.

**Les navettes spatiales** effectuent souvent des missions à 400 km d'altitude.

80 km

-90 °C

## Et si l'atmosphère disparaissait...

... **les rayonnements ultraviolets** (UV) tueraient les humains, les animaux et les plantes.

... la température moyenne serait de **-18 °C,** car il n'y aurait plus d'effet de serre.

... la température grimperait jusqu'à **100 °C** la journée et descendrait à **-150 °C** la nuit.

8 km

0 °C

**Les ballons-sondes** montent jusqu'à 30 km d'altitude.

6 km

-56 °C

**Les avions** volent jusqu'à 12 km au-dessus de nos têtes.

**L'Everest,** la plus haute montagne de la Terre, s'élève à moins de 9 km.

**Les rizières et les vaches** rejettent également des gaz qui participent au réchauffement de la planète.

L'atmosphère piège une partie de la chaleur due au soleil et se réchauffe comme l'air dans une serre de jardinier. C'est pourquoi on appelle ce phénomène **l'effet de serre.**

**Les bombes aérosols** sont aujourd'hui inoffensives, mais elles ont longtemps abîmé la couche d'ozone.

**Les véhicules et les usines** dégagent des gaz polluants, notamment du gaz carbonique.

# La météorologie

*Pluie, soleil, vent ? Pour prévoir le temps des jours à venir, on utilise les technologies les plus modernes. Visite guidée d'un centre météorologique.*

**Chaque matin,** on écoute le bulletin météo à la radio, et on sait quels vêtements enfiler. Facile ! Et pourtant, la préparation de ces informations a demandé un travail fou. Des centaines de personnes ont collecté et interprété des milliers d'observations sur terre, en mer et dans les airs. Ces mesures ont ensuite été analysées par de puissants ordinateurs, capables de traiter jusqu'à 300 milliards d'opérations à la seconde. Enfin, les prévisionnistes ont interprété toutes ces données avec leur expérience, et un brin d'intuition. Ne leur demandez tout de même pas de prévoir le temps au-delà de sept jours ! C'est impossible, l'atmosphère de notre planète est bien trop changeante.

## Quels souffles !

**Force 0**
« Temps calme », pas de vent.

**Force 2**
« Légère brise », les feuilles frémissent.

**Force 4**
« Jolie brise », les drapeaux claquent.

**Force 7**
« Grand frais », il est difficile de marcher.

**Force 10**
« Tempête », des arbres sont déracinés.

**Force 12**
«Ouragan», les voitures et les toits des maisons s'envolent.

**Les satellites** photographient la terre, les nuages et mesurent la température des océans.

**Le centre météorologique** analyse des informations venant de toute la planète. Afin de prévoir le temps pour les heures et les jours à venir, on y travaille 24 heures sur 24.

**infos chiffrées**

**57** °C, c'est le record de chaleur, atteint en Libye!

**– 92** °C, c'est la température la plus basse jamais atteinte, relevée en Antarctique.

**320** km/h, c'est le vent le plus fort, qui a aussi été enregistré en Antarctique.

**1,87** m d'eau, c'est la hauteur de pluie tombée en deux jours sur l'île de la Réunion en 1952 !

**Des bulletins météorologiques** sont conçus dans le centre météorologique. Ils sont ensuite diffusés par la radio, la télévision, le téléphone ou encore Internet.

**Si le temps est vraiment mauvais,** il est trop dangereux de s'envoler, de partir en mer ou en montagne. Pour beaucoup de gens, les prévisions météo sont donc indispensables. Pour d'autres, elles sont simplement utiles pour décider de ce qu'ils vont mettre dans leur valise avant de partir en week-end !

/•••

# Les fureurs de la Terre

*Quand la Terre craque ou crache des roches en fusion, quand le vent ou la pluie se déchaînent, que peut-on faire ? Peu de choses, si ce n'est tenter de prévoir ces catastrophes.*

**Les êtres humains** ne peuvent arrêter les fureurs de la planète. Ils savent seulement suivre le trajet des tempêtes et des inondations et se mettre à l'abri lorsqu'elles approchent, ou fuir les éruptions volcaniques quelques heures avant leur déclenchement. Beaucoup de catastrophes sont donc inévitables. D'autres sont en revanche provoquées par l'imprudence des hommes. C'est le cas des feux de forêts, des coulées de boue ou de certaines avalanches.

Construire ou couper des arbres sur une pente fragilise le sol. Dans les pays où il pleut beaucoup, l'eau peut alors emporter la terre et créer **des coulées de boue.**

Quand le vent souffle fort, il est très difficile d'arrêter **un feu de forêt.** On fait alors appel à des avions qui puisent de l'eau dans la mer et la jettent sur les flammes.

**Les avalanches** sont de grandes quantités de neige qui se détachent de la montagne. Elles peuvent être provoquées par des skieurs imprudents.

**métier... volcanologue**

Le volcanologue étudie les volcans. Il les surveille, les filme, retrace leur histoire. Il collecte et analyse les laves, les gaz et les roches volcaniques. Son but est de comprendre les causes des éruptions et de prévoir le moment où ces étranges montagnes cracheront de nouveau du feu. Ainsi, les populations peuvent être averties à temps du danger.

Au-dessus des mers chaudes, dans les régions tropicales, l'eau peut créer un courant d'air chaud qui se transforme en un vent tourbillonnant, appelé **cyclone.** Il emporte tout sur son passage : voitures, arbres, maisons...

**Les tremblements de terre** peuvent éventrer une route, faire s'écrouler un pont ou un immeuble. On ne peut pas prévoir leur déclenchement. Dans les régions à risques, les maisons sont conçues pour résister aux séismes. Certaines sont par exemple construites sur des sortes de ressorts.

**Les tsunamis**
sont de gigantesques vagues provoquées par des tremblements de terre sous-marins. Ils sont assez rares et se produisent surtout dans l'océan Pacifique.

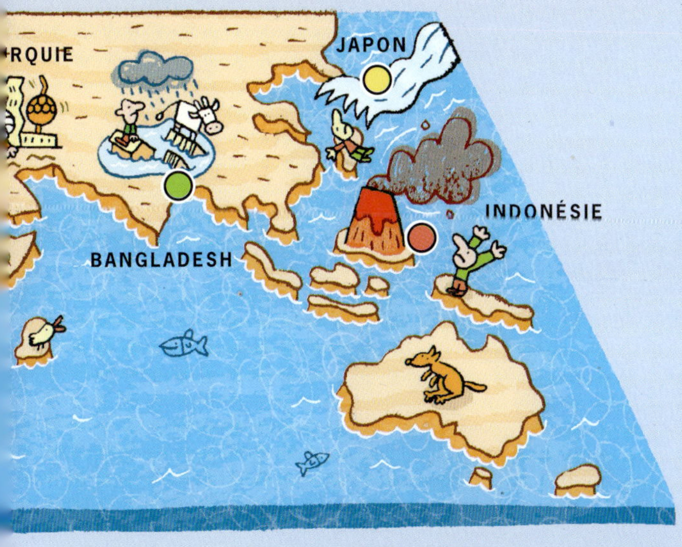


Lorsqu'il pleut beaucoup ou que la glace des montagnes fond, les fleuves peuvent déborder et inonder la terre.
**Les inondations** sont fréquentes en Asie durant la mousson, une période de l'année où la pluie tombe en abondance.

**Les volcans** sont comme des soupapes pour notre planète. Ils laissent échapper les roches en fusion de l'intérieur de la Terre, crachent des laves, des pierres brûlantes, des gaz ou des cendres qui recouvrent alors le paysage. On les surveille, mais leurs éruptions se déclenchent parfois trop rapidement pour être devancées.

# Les plantes

# Les familles de plantes

*Une multitude de plantes poussent sur la Terre. Pour s'y retrouver, on les classe par grandes familles. Promenons-nous parmi les sapins, les fleurs, les champignons…*

### Les champignons

Sans fleurs ni racines, les champignons sont formés d'un pied surmonté d'un chapeau. Ils poussent rapidement, souvent dans des lieux humides. Ils se nourrissent d'autres organismes vivants ou morts.

**Le champignon bleu** pousse sur le tronc des arbres.

**La girolle** et **le cèpe** sont des champignons que l'on peut manger…

Les plantes, comme les animaux, sont des êtres vivants. Les plus petites sont minuscules, les plus grandes sont hautes comme un immeuble de trente étages. Certaines vivent dans l'eau, d'autres dans les déserts arides ou tout en haut des montagnes. Au total, les scientifiques et les amoureux de la nature ont recensé 320 000 espèces de plantes, des herbes les plus ordinaires aux arbres majestueux, des champignons vénéneux aux fleurs colorées et parfumées. Selon leurs caractéristiques, toutes ces plantes forment quatre grands groupes : les plantes à fleurs, celles sans fleurs, les champignons et les conifères.

**le pin parasol**

**le pin sylvestre**

**le mélèze**

**le cyprès**

**le sapin**

### Les conifères

On appelle conifères les arbres dont les fruits ont la forme de cônes. Leurs feuilles ressemblent en général à des aiguilles ou des écailles et ne tombent pas toutes en automne. Les conifères sont aussi appelés résineux, car ils fabriquent de la résine, une substance collante.

## Les algues

Ces plantes n'ont ni tige, ni racines. Elles vivent dans l'eau, à condition qu'assez de lumière y pénètre, ou dans des lieux très humides. Elles sont rouges, brunes, bleues ou vertes.

## Les fougères

Les plus petites ne mesurent que quelques centimètres, les plus grandes peuvent atteindre 30 mètres. Elles n'ont pas de fleurs, mais une multitude de feuilles.

## Les mousses

Les mousses sont composées d'un grand nombre de petites tiges serrées les unes contre les autres. Elle aiment les endroits humides et protégés du soleil, comme les sous-bois.

## Les plantes sans fleurs

… mais **l'amanite tue-mouche** et **l'amanite phalloïde** contiennent des poisons mortels.

**Crocus muguet, iris, violettes, coquelicots…** Beaucoup de plantes fleurissent au printemps.

Les graines **du chêne** sont contenues dans ses glands.

## Les plantes à fleurs

Dans ce grand groupe, on trouve aussi bien les feuillus (tous les arbres qui perdent leurs feuilles en automne) que les herbes et les plantes cultivées (blé, riz…). Toutes ces plantes donnent des fleurs. Leurs graines, protégées par des fruits, leur permettent de se reproduire.

Les fruits de **la vigne**, le raisin, permettent de faire du vin.

**Les nénuphars** poussent sur l'eau.

# La vie d'un arbre

*Il faut des années pour qu'un petit pépin de pomme devienne un grand et bel arbre. Voici, au fil des saisons, l'histoire de la vie d'un pommier…*

**Comme toutes les plantes,** les arbres naissent, grandissent, se reproduisent et meurent. Sous les climats tempérés comme celui de la France, la vie d'un arbre est rythmée par les saisons. Chaque année, les arbres fruitiers fleurissent puis forment des fruits abritant des graines. Un pommier produit ainsi des centaines de graines, mais seules quelques-unes donneront naissance à de nouveaux arbres.

## Le cycle des saisons

**C'est l'hiver.**
L'arbre est sans feuilles. Il n'est pas mort, il est juste « endormi ». Il se réveillera avec le réchauffement du printemps.

L'hiver, **le bourgeon** est bien protégé par une carapace. Au printemps, il s'ouvre, donne une feuille ou une fleur, qui elle-même se transformera en fruit.

**Les insectes** récoltent le nectar, une substance sucrée. En passant de fleur en fleur, ils transportent le pollen. Celui-ci permet à l'arbre de fabriquer de nouvelles pommes et de se reproduire.

**C'est le printemps.**
Le pommier se couvre de feuilles et de fleurs, dont la couleur et le parfum attirent les insectes.

Des fleurs naissent **les fruits.** Ils grossissent et abritent des graines (les pépins) qui donneront peut-être de nouveaux pommiers.

**C'est l'été.**
L'arbre se couvre de pommes. Selon l'espèce du pommier, à mesure qu'elles mûrissent, les pommes restent vertes ou deviennent jaunes, rouges…

**C'est l'automne.**
Les dernières pommes tombent. Les feuilles sèchent et rougissent.

**Les feuilles** tombent sur le sol. Elle fertilisent la terre autour des racines, apportant de la nourriture à l'arbre pour l'hiver.

# Trucs et astuces des plantes

*Pas facile, la vie des plantes sur une planète pleine de dangers ! Heureusement, elles ont plus d'une ruse dans leurs racines, leurs feuilles et leurs jolies fleurs…*

**Dans la nature,** les plantes ont beaucoup d'ennemis. Incapables de se déplacer, elles peuvent à tout moment être grignotées par un insecte ou broutées par un herbivore si elles se trouvent sur leur chemin. Alors, pour survivre, certaines ont mis au point des systèmes de défense ingénieux, voire très sophistiqués. Elles ont également réussi à s'adapter à des milieux extrêmes comme les déserts. Cette évolution s'est faite au cours de centaines de milliers d'années.

**Dégoûter son ennemi…**
Pour empêcher les antilopes de le brouter, l'acacia caffra fabrique dans ses feuilles du tanin, une substance très amère.

**Appeler à l'aide…**
Lorsqu'ils sont attaqués par les chenilles, le coton, le maïs et le tabac émettent une odeur qui attire de petites guêpes. Celles-ci s'empressent de tuer les chenilles et de les dévorer.

**Piéger sa proie…**
L'attrape-mouche de Vénus (la dionée) est une plante carnivore qui réussit à vivre sur des sols pauvres en se nourrissant d'insectes. Elle les attire dans ses feuilles par un délicieux nectar, les emprisonne et les dévore.

**Passer l'hiver au chaud…**
Les tulipes et les lis passent l'hiver dans le sol, recroquevillés dans leur bulbe. Au printemps, ils poussent de nouveau.

## infos chiffrées

**3000** m, c'est l'altitude jusqu'à laquelle on trouve des edelweiss, une plante qui pousse seulement en haute-montagne.

**90** %, c'est la proportion d'eau dans le poids d'une feuille de plante grasse. Un bon stock contre la sécheresse !

**1/5**e de seconde, c'est le temps qu'il faut à une plante carnivore pour se refermer sur sa victime.

**Empêcher l'ennemi de se reproduire...**
Le genêt produit une sorte de pilule contraceptive afin de limiter les populations de moutons qui adorent le brouter.

**Empoisonner son ennemi...**
Malheur à l'insecte qui grignote le millepertuis ! Il contient une substance chimique qui devient mortelle au premier rayon de soleil.

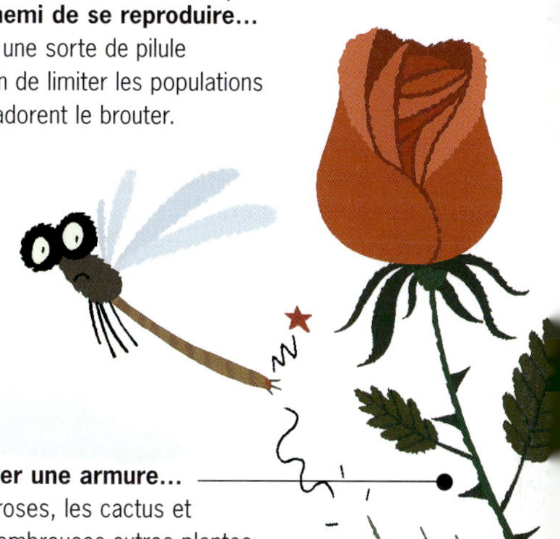

**Enfiler une armure...**
Les roses, les cactus et de nombreuses autres plantes sont équipés d'épines, d'aiguilles ou encore de tiges coupantes pour se défendre contre les croqueurs en tout genre.

**Profiter de la moindre goutte d'eau...**
Le *welwitschia mirabilis* survit à de très fortes chaleurs, jusqu'à 70 °C ! Il récupère l'eau des brouillards matinaux et enfonce ses racines jusqu'à 20 mètres de profondeur pour atteindre l'eau du sous-sol.

**Bien se camoufler...**
Le lithops vit dans le désert en stockant de l'eau dans ses tissus. Mais pour ne pas être repéré et croqué par les herbivores assoiffés, il se déguise en caillou.

# Les animaux

# Les dinosaures

*On ne cesse de découvrir des fossiles de dinosaures : de nouveaux indices pour mieux connaître ces animaux disparus.*

La scène se passe en **Mongolie, au Crétacé, il y a 80 millions d'années** environ. La région était alors verdoyante, couverte de fougères géantes et de plantes à fleurs.

C'est en 1841 que Richard Owen, un paléontologue anglais, crée le mot « dinosaure » qui signifie « terrible lézard » en grec. Il désigne tous les reptiles qui ont régné sur la Terre pendant les trois périodes de l'ère Secondaire (Trias, Jurassique et Crétacé), soit 150 millions d'années.

1 La collerette de **Protoceratops** (dont le nom signifie « première tête à corne ») servait de bouclier aux mâles qui se combattaient pour obtenir une femelle.

2 **Protoceratops** était un petit dinosaure herbivore : il ne mesurait que 2,7 m de long. Il vivait en troupeaux très organisés au bord des marais.

**1 La collerette de Protoceratops,** les excroissances osseuses de ses joues et son bec de perroquet jouaient un rôle défensif contre ses prédateurs.

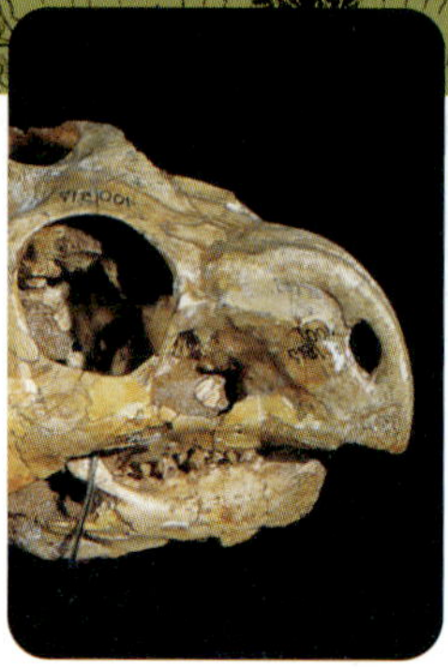

**2 Les dents de Protoceratops,** alignées sur des mâchoires semblables à des ciseaux, hachaient des végétaux très durs. Dès qu'une dent s'usait, elle était remplacée.

**3 Les empreinte d'Iguanodon** ont été découverte en grand nombre : la preuve qu'il vivait en troupeaux. Elles révèlent aussi qu'il se déplaçait lentement.

**Il y a 225 millions d'années**, des variations climatiques ont condamné à mort beaucoup d'espèces animales. Les reptiles ont survécu. Parmi eux, les dinosaures. Ils ont conquis la Terre entière et adopté toutes les formes. Ils étaient de la taille d'un poulet ou gigantesques, herbivores ou carnivores, rapides ou très lents. On en connaît près de mille espèces différentes. C'est peut-être la chute d'une météorite qui a provoqué leur disparition il y a 65 millions d'années.

3 **Iguanodon** se déplaçait à quatre pattes en troupeaux. Les adultes, longs de 10 m, protégeaient ainsi les jeunes contre les prédateurs.

**Iguanodon** est l'un des premiers dinosaures que l'on a découverts. La forme de ses dents a fait croire qu'il était un ancêtre de l'iguane, d'où son nom qui signifie « dent d'iguane ».

4 On a longtemps pensé qu'**Oviraptor** (dont le nom signifie « voleur d'œufs ») dévorait les œufs des autres dinosaures. En réalité, il mangeait des coquillages très durs.

5 Très rapide, **Velociraptor** (dont le nom signifie « voleur véloce ») chassait en meutes. Il agrippait ses proies avec ses bras, puis les éventrait avec les griffes de ses pieds.

6 Cousin du T-Rex américain, **Tarbosaurus** (dont le nom signifie « reptile inquiétant ») mesurait 12 m de long, 6 m de haut, et pesait 5 tonnes… Trop lourd pour courir, il se contentait sans doute de charognes.

4 **Oviraptor pondait** sans doute en groupes, comme les oiseaux marins actuels. Ce dinosaure à l'allure d'autruche devait s'occuper de ses petits.

5 Le deuxième doigt du pied de **Velociraptor** porte **une griffe** très affûtée. Longue de 15 à 20 cm, elle fonctionnait comme une lame de couteau.

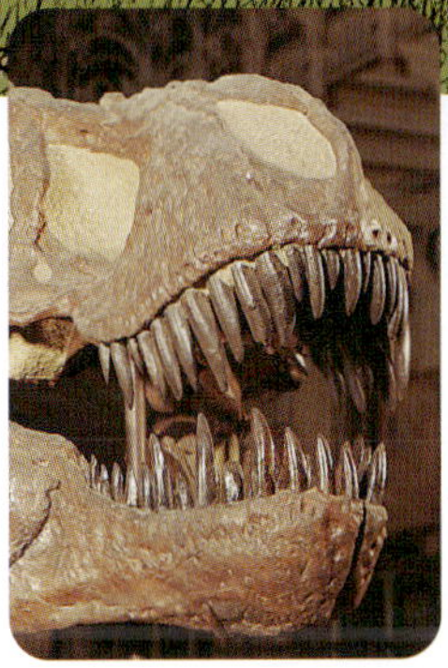

6 Grâce à **ses dents** de 15 cm de long, **Tarbosaurus** pouvait transpercer et arracher la chair des plus gros dinosaures.

# Les animaux disparus

*Depuis les débuts de la vie sur Terre, certains animaux ont disparu à tout jamais. Ou presque...*

Ce reptile volant de la famille **des ptérosaures** avait une envergure d'environ 12 m. Il a sans doute été le plus grand volatile de tous les temps. Il s'est éteint avec les dinosaures

De la famille **des plésiosaures,** ce reptile marin de 15 m de long fut un terrible prédateur à l'époque des dinosaures. Il a disparu en même temps qu'eux.

Il y a 12 000 ans, **le thylacine ou loup de Tasmanie** a été exterminé d'Australie par les dingos. Réfugié en Tasmanie, il fut décimé par les éleveurs de moutons au 20e siècle.

Le dernier **zèbre couagga** est mort dans un zoo en 188 Il avait disparu à l'ét sauvage depuis 188 Estimé pour sa viande et sa peau, il a été exterminé par les chasseurs.

## Au cours de l'histoire de la vie,

de nombreuses espèces animales se sont succédé et transformées. Certaines ont disparu, alors que des branches cousines continuaient d'évoluer. Mais beaucoup se sont éteintes sans laisser de descendants. La disparition de groupes dominants a permis à d'autres de prendre leur essor : l'extinction des dinosaures a ainsi favorisé la diversification des mammifères sur la Terre.

**Cinq grandes extinctions** ont marqué le règne animal. Lors de ces périodes, 60 à 96 % des espèces existantes ont disparu. Ce fut le cas lors de la mort des dinosaures. Les raisons de ces extinctions sont souvent inconnues. On émet souvent l'hypothèse de changements climatiques. Aujourd'hui, on pense que l'homme sera peut-être à l'origine d'une sixième extinction. En détruisant la forêt tropicale, il tue chaque seconde des dizaines d'espèces d'invertébrés.

## Nos futurs disparus

**Ara de Spix**
Zéro individu en liberté (environ 50 en zoos)

**Gorille des montagnes**
Plus de 400

**Tigre de Sumatra**
Environ 300

**Phoque-moine de Méditerranée**
Environ 100

À la fin du 18e siècle, **le pigeon migrateur** se déplaçait en bandes composées de centaines de milliers d'oiseaux. Trop chassée, l'espèce s'est éteinte en 1914.

Différentes espèces **de mammouths** se sont succédé sur la Terre. Les premières sont apparues il y a 4 millions d'années. Les dernières, apparentées aux éléphants d'Asie, ont vécu jusqu'à 2800 av. J.-C.

Incapable de voler, **le dodo** était une proie facile pour l'homme. Cet oiseau a disparu de l'île Maurice en 1680.

**Diatryma** a vécu il y a environ 40 millions d'années. Haut de 2 m, cet oiseau ne volait pas et chassait comme Velociraptor. Ses griffes et son bec énormes étaient des armes redoutables.

**Ce tigre à dents de sabre** était un dangereux prédateur d'Amérique du Nord et du Sud il y a 1,6 millions d'années. Le lion et le tigre, auxquels il ressemblait beaucoup, sont ses cousins éloignés.

Après 350 millions d'années d'existence dans les mers, **les ammonites** se sont éteintes avec les dinosaures. Les pieuvres et les nautiles sont les lointains descendants de ces mollusques.

# Les espèces animales

*Les animaux sont si nombreux qu'on ne les connaît pas tous. On compte aujourd'hui 1,5 million d'espèces différentes. Mais l'on pense qu'il en existe encore des millions à découvrir.*

## Les invertébrés

- **Insectes :** Corps en 3 parties. 3 paires de pattes. 1 million d'espèces. *Abeille*
- **Arachnides :** 4 paires de pattes. 75 000 espèces.
- **Mollusques :** Corps mou, souvent protégé par une coquille. 50 000 espèces. *Moule*
- **Crustacés :** Enfermés dans une carapace. 2 paires d'antennes et des pinces. 38 000 espèces. *Crevette*
- **Cnidaires :** Corps mou portant souvent des tentacules. 9 000 espèces.
- **Annélides :** Corps mou composé d'anneaux. 14 000 espèces.
- **Échinodermes :** Corps souvent recouvert de piquants. 6 000 espèces.
- **Spongiaires :** Les plus simples des animaux pluricellulaires. 5 000 espèces.
- **Myriapodes :** Corps divisé en segments et multitude de pattes. 12 000 espèces. *Mille-pattes*

infos chiffres

**700** millions, c'est le nombre d'années écoulées depuis l'apparition des premiers animaux.

**235**, c'est le nombre d'espèces de primates existant sur Terre. L'homme est l'une d'entre elles.

**180** tonnes, c'est le poids de la baleine bleue, le plus gros animal.

### Les oiseaux

Couverts de plumes, la plupart volent grâce à leurs ailes et leurs os creux. Ils respirent par des poumons et se nourrissent avec leur bec sans dents. Ils pondent des œufs. 9 600 espèces.

### Les poissons

Ils vivent dans l'eau, sauf les dipneustes, capables de vivre en partie à l'air libre. Leur peau est garnie d'écailles. Ils respirent par des branchies. La plupart pondent des œufs. 2 grands groupes : poissons cartilagineux (requins et raies) et poissons osseux. 23 000 espèces.

### Les reptiles

Ils ont 0 ou 4 pattes. Ils respirent par des poumons. La plupart pondent des œufs. Ils ont une peau couverte d'écailles ou sont protégés par une carapace. Crocodiles, tortues, iguanes, varans, serpents et lézards : plus de 6 900 espèces. Milieu terrestre et aquatique.

### Les amphibiens

Ils vivent sur la terre ferme, mais leurs petits (les têtards) vivent dans l'eau où ils respirent comme les poissons. En fait, grenouilles, tritons, cécilies et salamandres (4 800 espèces) ont toujours besoin d'eau. Ils respirent par des poumons mais aussi par leur peau, humide et sans écailles.

### Les mammifères

La plupart ont 4 pattes, sauf les mammifères marins. Ils ont presque tous une peau couverte de poils. La majorité donnent naissance à des petits complètement formés que les femelles nourrissent avec le lait coulant de leurs mamelles. Ils respirent par des poumons. Leur température interne constante leur a permis de conquérir toute la planète.

## La plupart des animaux se déplacent.

Ils mangent, respirent de l'oxygène, se reproduisent. Ils ont aussi des sens plus ou moins performants. Depuis l'apparition des premiers animaux dans les mers, le règne animal s'est diversifié et complexifié. Aujourd'hui, les zoologues classent les espèces en deux groupes : les invertébrés, qui n'ont pas de squelette, et les vertébrés, qui en ont un.

# Les modes de déplacement

*Contrairement aux plantes, les animaux bougent. Leur mode de déplacement dépend de leur milieu et de leurs façons de vivre.*

Les animaux doivent bouger pour aller chercher leur nourriture mais aussi pour rencontrer les partenaires avec lesquels se reproduire. Ils marchent, sautent, courent, nagent, volent...
Certains, grâce à une morphologie adaptée, dépassent de très loin les records de nos champions olympiques ! Les prédateurs sont ainsi les rois du déplacement rapide, alors que, pour leur échapper, leurs proies sont les championnes de l'endurance. Quelques espèces semblent immobiles. En réalité, elles font bouger certains de leurs muscles pour attirer la nourriture à elles.

## Supernageurs

**Le manchot papou** ne nage pas : il vole sous l'eau glacée de l'Antarctique en battant des ailes et se propulse à 35 km/h.

**Le thon** a une forme parfaite qui lui permet de nager sans fatigue à 15 km/h pendant une vingtaine de jours.

Grâce à son « épée » et à sa voile, **le marlin** pénètre très bien l'eau : il fait des pointes à 110 km/h.

## Supervoleurs

**La libellule** vole à 29 km/h : par rapport à sa taille, c'est une vitesse de bolide !

Quand il tombe en piqué sur un lapin, **le faucon pèlerin** atteint les 350 km/h.

**Le martinet noir** se pose peu (pas plus de 3 mois par an) et il peut voler à 171 km/h.

## Supersprinters

Pour compenser ses petites ailes, **l'autruche** a de grosses et hautes jambes qui lui permettent de courir à 72 km/h.

**L'antilope pronghorn** épuise ses prédateurs : elle peut galoper à 65 km/h pendant 10 minutes !

Fin, léger, élastique, **le guépard** peut courir à 110 km/h sur une centaine de mètres… avant d'aller se coucher.

## Superfainéants

## Superrampant

## Supermarcheurs

**La gorgone** ne se déplace pas. Elle bouge ses tentacules pour attirer à elle sa nourriture.

**L'escargot** avance lentement (50 m/h), aussi bien sur le sol que sur un mur.

**La tortue grecque** ne parcourt pas plus de 400 m en une heure, sans se fatiguer.

**L'anaconda** n'ondule pas, il file tout droit, à 15 km/h… en rampant sur ses écailles.

**L'étoile de mer** soulève les milliers de ventouses de ses bras pour marcher au fond de la mer. Elle s'adapte à tous les terrains : un vrai 4 X 4 !

Grâce à sa bosse de graisse, qui lui sert de réserve, **le dromadaire** peut marcher pendant 3 semaines sans boire ni manger… et sans s'arrêter.

## Supersauteurs

**La puce** mesure 1,5 mm de long et saute 33 cm de long : soit 220 fois sa taille.

**La gerboise** mesure 10 cm de long. Elle saute 4,50 m de long : soit 45 fois sa taille.

**Le lynx d'Afrique,** ou caracal, bondit pour attraper les oiseaux : il saute 1,50 m de haut.

**L'oréotrague,** une antilope d'Afrique du Sud, saute 7,50 m de haut : soit 15 fois sa hauteur.

## Superman ?

- **Les champions olympiques de natation** dépassent rarement 8 km/h.

- L'homme est **incapable de voler.** Mais il s'est inspiré des oiseaux pour fabriquer ses machines volantes. Un planeur peut atteindre 350 km/h en piqué ou 150 km/h en vol, alors qu'un avion supersonique, comme le Concorde, atteint 2 300 km/h.

- **Le plus rapide des sprinters** court à 36 km/h.

- **Un bon randonneur** marche à 6 km/h pendant 8 heures.

- **Les athlètes sautent** 2,45 m en hauteur, soit 1,2 fois leur taille, et 8,95 m en longueur, soit 5 fois leur taille.

# L'adaptation

*Les animaux ont colonisé tous les milieux : terrestres, aquatiques ou aériens. Car ils ont des ressources incroyables et des capacités d'adaptation étonnantes.*

## Certains animaux supportent

les conditions de vie les plus extrêmes : le froid des pôles, l'obscurité des cavernes, la sécheresse des déserts, la pression des grandes profondeurs marines (les abysses), l'absence d'oxygène des hautes altitudes... Ils possèdent en effet des caractères physiques qui leur permettent de s'adapter au mieux à leur milieu et de tirer profit de ses contraintes pour pouvoir boire et se nourrir plus facilement.

### Abysses

**L'eurypharynx** est long de 1 m. Sa bouche est énorme et ses mâchoires représentent le quart de sa taille. Impossible de laisser fuir une proie !

**Le chauliodus** agite au-dessus de sa tête un filament qui attire les proies vers sa bouche. Ses grandes dents les empêchent de s'échapper.

**La hache d'argent** a des cellules qui émettent de la lumière. Elle attire ainsi ses proies... qu'elle repère dans le noir grâce à ses grands yeux.

### Cavernes

**Le guacharo des cavernes** vit dans les grottes obscures des Andes. Comme les chauves-souris, il est équipé d'un système radar pour s'orienter dans le noir.

Le fond des cavernes est recouvert d'une boue très molle. **L'épeire cavernicole** a de hautes pattes fines qui l'aident à ne pas s'y enfoncer.

**Le crabe cavernicole** a des armes redoutables pour attraper ses proies : des pinces immenses.

tout savoir sur...

**Le riftia**

**Description :** Ver géant de 2 m de long sans bouche ni tube digestif.

**Adresse :** Au fond des océans, dans des zones volcaniques, près de geysers, des sources d'eau très chaude et très toxique : de vraies oasis de vie appelées fumeurs noirs. Cohabite avec d'autres riftias et quantités de crustacés, mollusques, poissons.

**Conditions de vie :** Apparemment insupportables : hautes pressions, grand froid, obscurité totale, molécules toxiques, absence d'oxygène.

**Astuces :** Abrite dans un de ses organes des bactéries qui décomposent pour lui des molécules toxiques en nourriture et en oxygène.

## Haute montagne

**Le gypaète barbu** plane à 7 500 m d'altitude : grâce à ses poumons, il peut capter le peu d'oxygène présent.

**Le yack** vit jusqu'à 6 100 m d'altitude. Son épais manteau de poils longs traînant jusqu'au sol le protège du vent glacial et pénétrant.

Tout là-haut, dans l'Himalaya, le vent apporte un peu de débris de végétaux et d'animaux. Il faut être petit et rapide pour les repérer. **Les diplopodes** le sont. Ils vivent sous les pierres.

## Désert chaud

**L'oryx gemsbok** n'a jamais trop chaud. Son cerveau peut supporter les grosses chaleurs : le sang qui l'irrigue se refroidit d'abord dans ses sinus.

L'épaisse carapace du **ténébrion** retient l'eau de son corps et l'empêche de se déshydrater. Ses longues pattes l'éloignent de la chaleur du sable.

Lorsqu'il fait trop chaud, **le scinque**, un lézard du désert, s'enfonce dans le sable où il « nage » tel un poisson. Il sort le matin pour gober des insectes.

## Pôle Nord

**Le harfang des neiges** est un excellent chasseur : il entend le pas de ses proies sur la neige à des kilomètres à la ronde…

**L'ours polaire** a un odorat exceptionnel pour détecter les rares proies du pôle Nord. Enveloppé d'une fourrure et d'une couche de graisse épaisses, il n'a jamais froid, même à –30 °C !

Sous la banquise ou au fond de la mer polaire, **le requin du Groenland** attire ses proies grâce aux crustacés luminescents qui parasitent ses yeux.

**Conditions de vie :**

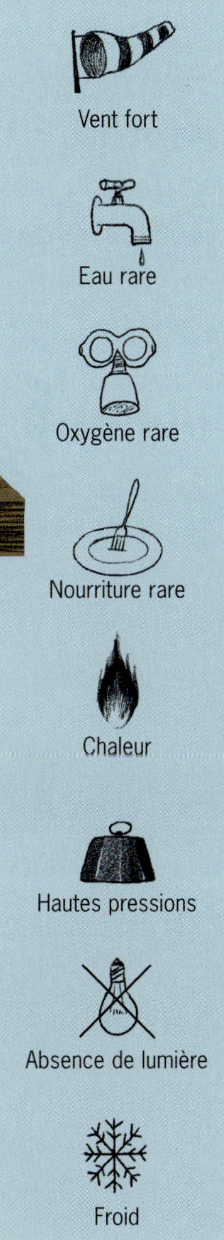

# Migrer ou hiberner

*Coûte que coûte, certains animaux restent toujours au même endroit, alors que d'autres parcourent des milliers de kilomètres.*

**Parmi ces grands voyageurs,** certains fuient l'hiver et son manque de nourriture. Ils migrent vers des contrées plus chaudes, souvent les mêmes, pour trouver de quoi manger. D'autres animaux ont un mode de vie itinérant qui les amène à toujours se déplacer, sans souci des saisons. Dautres encore ne bougent jamais. Quand l'hiver arrive, ils s'endorment et se réveillent, amaigris, au printemps.

**De grands migrateurs**

| **anguille** | **papillon belle-dame** | **sterne arctique** |
|---|---|---|
| 6 000 km aller | 10 000 km aller | 20 000 km aller |

Certains **lemmings** partent, alors que d'autres se terrent dans des galeries souterraines. Mais tous les 40 ans, leur nombre est multiplié par 2 000. Ils migrent alors n'importe où. La plupart meurent en route.

**La tortue luth** ne migre pas selon les saisons : elle se laisse porter par les courants qui emportent les bancs de méduses dont elle raffole. Elle va même les chercher jusqu'à 1 000 m de profondeur !

Cette scène se passe à **l'ouest du Canada**, au bord de la mer. C'est le début de l'hiver. Bientôt il n'y aura presque plus d'animaux ! Ici, certaines espèces migrent aussi selon un rythme qui leur est propre, déconnecté de celui des saisons.

Certaines **chauves-souris** hibernent. Leur température descend à 4 °C et leur cœur bat très lentement. Elles économisent ainsi leurs forces et vivent sur leurs réserves de graisse.

**Le bécasseau sanderling,** qui a passé l'été au Groenland, migre en groupes : il suit les côtes qui lui servent de repères migratoires.

**Les grizzlys** passent l'hiver à dormir ou somnoler dans leur tanière. Les femelles donnent naissance à deux à quatre oursons en janvier.

**Les caribous** vont bientôt partir : ils marcheront jour et nuit. Seules les femelles s'arrêteront pour accoucher. Elles seront alors en danger : le loup guette…

**infos chiffrées**

**10** milliards, c'est le nombre de criquets qui migrent en même temps.

**30 000** km, c'est la distance effectuée chaque année par le puffin à bec grêle.

**80** %, c'est la perte de poids moyenne d'un oiseau après sa migration.

**50** % des animaux qui migrent meurent en route.

Certaines **baleines grises** passent l'hiver à se nourrir d'invertébrés vivant au fond de l'eau. Puis elles partent, au début du printemps, se reproduire dans les eaux chaudes, au large du Mexique.

**Le saumon** ne migre pas selon les saisons. Il naît en rivière, devient adulte en mer, puis repart vers sa rivière, qu'il reconnaît à l'odeur, pour se reproduire.

# La communication

*Des cris, des couleurs, des odeurs, des mimiques ou des gestes : les signaux utilisés par les animaux pour communiquer s'adressent aux différents sens.*

Quand **une abeille** éclaireuse a trouvé des fleurs à butiner, elle revient à la ruche où elle se met à danser. Il existe des types de danses différents selon que la nourriture est proche ou éloignée.

**Les hippopotames**, qui vivent en groupes, passent leur journée immergés dans l'eau et rejoignent la terre ferme pour brouter le soir venu. Si un danger survient, ils mugissent.

**Les zèbres** vivent en groupes avec parfois des gnous ou des antilopes. Dotés d'une bonne audition, ils repèrent un prédateur de loin et hennissent pour que le troupeau s'éparpille.

**Les loups** hurlent en chœur pour avertir les autres meutes de leur présence et éviter qu'ils ne se rencontrent et ne se battent pour les mêmes proies.

Lorsqu'il se sent agressé ou qu'il a mal, **le putois** émet par ses glandes anales une odeur nauséabonde. C'est aussi de cette façon qu'il avertit les autres putois de sa présence.

**Les dingos** vivent en meutes. Comme les loups, ils expriment leurs liens sociaux par des postures. Ici, celui qui baisse la tête fait acte de soumission.

**La belette** laisse un tas d'excréments visibles et odorants devant son terrier pour afficher qu'elle en est la propriétaire.

Quand **une fourmi** trouve une source de nourriture, elle revient vers la fourmilière en déposant des molécules odorantes sur son chemin. La route est ainsi toute tracée pour ses compagnes.

**Les animaux s'échangent** des informations entre membres d'une même espèce, mais aussi entre espèces différentes. Ils utilisent des signaux visuels, sonores, tactiles, odorants... pour s'identifier, avertir d'un danger, localiser une source de nourriture, délimiter un territoire, exprimer des émotions, apaiser les tensions...

**Les étourneaux** chantent pour se regrouper par milliers sur les arbres ou sur les fils électriques au moment des migrations.

Après avoir rugi et arraché des arbustes, **le gorille** mâle se dresse sur ses pattes arrière et se frappe la poitrine pour intimider un rival.

**Le renard** est un animal omnivore qui a besoin de beaucoup d'espace pour trouver sa nourriture. Il marque son territoire par des jets d'urine odorante.

**Les pieuvres** changent de couleur pour se camoufler, mais aussi pour intimider un rival, exprimer des émotions ou séduire lors des parades amoureuses.

Dans un groupe de **marmottes,** il y a toujours un guetteur qui scrute les alentours et siffle pour avertir les autres d'un danger.

**Les lynx,** comme tous les félidés, se lèchent souvent. C'est pour eux un moyen d'apaiser les tensions et de faire baisser leur agressivité.

**Les macaques rhésus** font des mimiques avec leurs visages pour communiquer. La moue sert à attirer l'attention...

**Les dik-diks** mâles frottent contre les tiges des herbes hautes les deux glandes situées sous leurs yeux. Ils laissent ainsi une odeur qui marque leur territoire.

# La vie en groupes

*Beaucoup d'animaux vivent en groupes et certains appartiennent même à des sociétés très organisées.*

La termitière subit une attaque : les ouvrières se cachent au centre et les soldates montent **au front.** Malgré leurs énormes mandibules, beaucoup vont mourir. Si l'attaque est repoussée, les ouvrières réparent les dégâts.

Les ouvrières cultivent des champignons dans **des champignonnières.** Les termites les mangent car cela les aide à digérer la cellulose des plantes et du bois qu'elles consomment en grande quantité.

Dès qu'ils sont pondus, les œufs sont amenés par les termites ouvrières dans **des chambres d'incubation ou nurseries**. Elles s'en occupent, puis nourrissent les larves qui en sortent avec une bouillie de bois et végétaux régurgitée.

C'est à partir de **la chambre royale** que la termitière a été construite par les premières ouvrières. Elle abrite le couple royal qui s'accouple très souvent. La reine, longue de 15 cm, peut pondre 40 000 œufs par jour.

Dans cette clairière de la forêt tropicale africaine, **ce groupe de chimpanzés** est composé d'environ 80 individus. Ils se sont installés près d'un nid de termites : ils se nourrissent en effet de ces insectes, mais aussi de feuilles, de tiges…

Les chimpanzés se transmettent leur savoir-faire. Ici, une maman chimpanzé **apprend** à son petit comment fabriquer, puis enfoncer une baguette dans la termitière pour attraper les termites.

# Les insectes sociaux,

comme les fourmis, les abeilles ou les termites, sont soumis à une organisation très stricte où le rôle de chacun est défini. D'autres animaux, comme les singes ou les loups, cohabitent dans des communautés plus souples. Mais quel est l'intérêt de vivre à plusieurs ? Le fait d'être nombreux permet d'être plus fort face aux prédateurs et cela favorise l'occupation d'un territoire, la recherche de nourriture, le partage des tâches. L'inconvénient, c'est que de tels groupes ont besoin de beaucoup manger : ils doivent donc souvent déménager pour ne pas épuiser les ressources alimentaires.

Le groupe est **dirigé par un mâle dominant.** Son autorité est réelle, mais souple. Elle est sans cesse remise en cause par les autres mâles.

Dans le groupe, les adultes s'enlacent ou **s'épouillent** souvent : c'est un très bon moyen pour faire baisser l'agressivité et limiter les conflits.

Les chimpanzés **communiquent** entre eux par des mimiques ou des postures. Ici le mâle de gauche annonce que la bagarre est proche…

Le chimpanzé est capable de **fabriquer des outils.** Ici, il a fait une éponge de mousse et de feuilles qui lui permet de récolter l'eau et de la boire.

**La termitière** est un édifice complexe composé de galeries et de cellules variées, ainsi que d'un circuit de refroidissement. Elle accueille des millions d'individus aux rôles bien définis. Les plus grandes mesurent 6 m.

Au sud de l'Afrique, **les suricates** vivent en colonies : plusieurs familles se partagent des terriers reliés par des galeries. Leur vie sociale est très bien organisée.

**Les tisserins** vivent en grandes colonies en Afrique tropicale. De nombreux couples d'oiseaux tissent et tressent des nids sur un acacia, formant un vrai immeuble collectif.

**Les grenouilles** ou **crapauds mâles** gonflent leurs sacs vocaux et chantent à plusieurs pour attirer les femelles.

# La séduction

*Chez les animaux, la reproduction n'a souvent lieu qu'à certaines périodes de l'année. Les mâles déploient alors des moyens variés pour séduire les femelles. Cela s'appelle la parade amoureuse.*

**L'oiseau satin** mâle est un excellent architecte : il fabrique un nid complexe composé de deux palissades de brindilles.

C'est aussi un très bon décorateur. Il dépose autour de son nid des objets bleus brillants pour attirer une femelle.

Il danse en tenant dans son bec un objet bleu. Une femelle approche. Pour la convaincre d'entrer dans son nid, il lui offre l'objet.

**Le cerf** hurle (ou brame). D'autres mâles lui font écho. C'est un moyen de s'intimider et d'attirer les femelles en chaleur.

Deux cerfs convoitent la même biche. Ils s'affrontent violemment en entrechoquant leurs bois.

La biche choisit le vainqueur. Car s'il a gagné, cela signifie qu'il est fort et endurant : de bonnes qualités pour un futur père de famille !

**Le scorpion** mâle montre ses pinces à une femelle. Il les écarte pour paraître plus gros qu'il n'est en réalité et l'impressionner.

Mâle et femelle se rapprochent. Le mâle doit bloquer la femelle afin qu'elle ne le pique pas et pour l'amener là où il veut se reproduire avec elle.

Les voilà accrochés l'un à l'autre par leurs pinces. Ils dansent d'avant en arrière pendant des heures ou des jours avant de s'accoupler.

**Une femelle** a souvent le choix entre plusieurs prétendants. Les mâles sont donc en compétition pour la conquérir. Ils doivent alors se faire reconnaître et remarquer, prouver qu'ils sont forts et en parfaite santé et attiser le désir de la femelle. Comment font-ils ? Chacun a sa technique : chanter, afficher des couleurs éclatantes, se grossir démesurément, provoquer des bagarres ou offrir des cadeaux...

**Le paon bleu** déploie en éventail les longues plumes de sa queue aux ocelles colorées. Puis il parade devant la femelle.

**La luciole** mâle émet des flashs de lumière avec son ventre : leur nombre et leur couleur indiquent à quelle espèce il appartient.

Lorsqu'une femelle de la même espèce reconnaît ce code, elle répond en émettant des flashs de lumière qui permettent au mâle de l'identifier.

Le mâle se rapproche de la femelle. Il est guidé par la lumière qu'elle émet. En cas de danger, elle cesse toute émission.

**La sterne arctique** mâle retrouve sa femelle. Il la survole en criant, se pose à ses côtés, lui tourne autour et déploie ses ailes.

Mais la parade ne s'arrête pas là : le mâle part en mer pêcher des poissons. Sans se poser, il vient les offrir à sa femelle.

Cette offrande se répète plusieurs fois. Elle sert à convaincre la femelle de la fidélité du mâle et à prouver qu'il pourra bien nourrir ses petits.

**L'éléphant** mâle en chaleur barrit et émet un liquide huileux par une glande située sur ses tempes. Son odeur attire les femelles.

Si deux mâles en chaleur se rencontrent, ils se battent violemment à coups de trompe, de pattes et de défenses.

L'éléphant qui a perdu s'en va. La femelle accepte les caresses du vainqueur. Ils vont pouvoir se reproduire.

# La reproduction

*Pour que leur espèce se perpétue, les animaux doivent se reproduire. Certains donnent naissance à une multitude de petits alors que d'autres en ont très peu.*

Si la plupart des serpents sont ovipares, **le boa constricteur** est ovovivipare. La femelle accouche de 10 à 50 petits.

**Le grand requin blanc** est, comme la majorité des requins, ovovivipare : il a de 1 à 9 petits. D'autres espèces, comme le requin citron, sont vivipares. D'autres encore pondent des œufs.

Au bout de 15 mois de gestation, **la girafe** accouche debout : en naissant, le girafon fait donc une chute de 2 m de haut. Il doit être capable de se mettre sur ses pattes et suivre sa mère rapidement.

Les échidnés et l'ornithorynque sont les seuls mammifères ovipares. Fécondée, la femelle **ornithorynque** pond 1 à 3 œufs qu'elle couve dans une poche ventrale avant de les déposer dans son terrier.

La femelle du **crapaud accoucheur** libère un chapelet d'œufs. Le mâle les féconde et les enroule autour de ses cuisses. Il les garde ainsi pendant 3 à 4 semaines avant de les déposer dans l'eau où ils éclosent.

Chez **le cobra royal**, la femelle fabrique un nid dans lequel elle pond de 20 à 50 œufs. Elle les recouvre d'herbe. Puis elle les surveille avec le mâle jusqu'à leur éclosion.

# Les modes de reproduction

ne sont pas les mêmes selon les espèces. Chez la grande majorité des mammifères, les petits se développent dans le ventre de la mère et naissent bien formés. On dit qu'ils sont vivipares. Les kangourous, qui sont des marsupiaux, accouchent d'un fœtus. Celui-ci finit sa croissance dans la poche marsupiale. Les oiseaux sont ovipares : ils pondent des œufs. Certains reptiles sont ovovivipares : les œufs ne sont pas pondus et éclosent dans le ventre de la mère.

Au bout de 5 semaines de gestation, la femelle du **kangourou roux** donne naissance à un petit qui pèse 1 g et mesure 2 à 3 cm. Il escalade le ventre de sa mère pour rejoindre la poche marsupiale où il agrippe une tétine. Il y restera 6 mois.

Au bout de 22 mois de gestation, **l'éléphante** met bas un seul petit qu'elle va allaiter pendant 3 ans. L'éléphanteau d'Afrique pèse environ 120 kg et celui d'Asie 100 kg.

La femelle du **lapin de garenne** peut accoucher 4 ou 5 fois par an. Chaque portée comprend 3 à 12 petits. C'est une espèce très prolifique.

La femelle **hippocampe** pond dans le ventre du mâle. Après avoir fécondé les œufs, il les garde au chaud jusqu'à leur éclosion. Les petits sortent alors tout formés.

La femelle du **crocodile du Nil** pond de 25 à 100 œufs dans un trou creusé dans les berges sablonneuses d'un fleuve. Quand ils sont prêts à éclore, les jeunes poussent des cris et leur mère les aide à briser leur coquille.

**Les albatros** forment des couples unis pour la vie. La femelle pond un seul œuf une fois par an ou tous les deux ans. Il est couvé pendant environ 80 jours par le père ou la mère à tour de rôle.

La femelle **poulpe** pond une centaine de milliers d'œufs qu'elle suspend au plafond de son abri. Elle les protège et les nettoie pendant 3 mois. Elle meurt quand ils éclosent.

# Les bébés animaux

Si 2 oisillons voient le jour dans le nid de **l'aigle royal**, l'aîné tue le cadet. Les parents, qui forment un couple uni, poussent l'aiglon âgé de 10 semaines à voler en le faisant jeûner. Ils lui apprennent ensuite à chasser et le nourrissent.

*Certains parents animaux prennent le temps de nourrir leurs petits, et de leur apporter soins et protection jusqu'à ce qu'ils soient capables de se débrouiller seuls.*

La femelle **koala** donne naissance à un seul petit qui passe 6 mois à téter dans sa poche. Accroché à son dos, il se nourrit ensuite de feuilles d'eucalyptus prédigérées par sa mère. À 11 mois, il peut vivre sa vie tout seul.

**La panthère** accouche de 1 à 6 petits aveugles dans une tanière. Elle les allaite jusqu'à l'âge de 3 mois. Puis elle les initie à la chasse et leur apprend à être autonomes. Ceux qui survivent la quittent à 22 mois.

Dans une meute de **loups**, seul le couple dominant se reproduit. La femelle met bas 4 à 7 louveteaux aveugles qu'elle allaite dans sa tanière. Puis les louveteaux apprennent à chasser avec les autres membres de la meute. Ils deviennent de vrais chasseurs vers 5-6 mois.

La femelle **babouin** donne naissance à un seul petit qu'elle allaite jusqu'à la naissance du suivant. Toutes les femelles de la communauté s'en occupent. Si les jeunes femelles restent avec leur mère dans le groupe, les mâles la quittent à l'adolescence.

**Certains bébés animaux** ont besoin de leurs parents pour survivre. Selon les espèces, ils sont élevés par leur mère, le couple des parents ou le groupe dans lequel ils vivent. Des parents se contentent de nourrir leurs petits le temps nécessaire, alors que d'autres ont un vrai rôle éducatif : ils leur apprennent à chasser, à vivre avec les autres membres du groupe et à se méfier des prédateurs.

### Pourquoi certains parents animaux ne s'occupent-ils pas de leurs petits ?

Cela ne signifie pas qu'ils sont de mauvais parents, mais simplement qu'ils n'ont pas les moyens d'être des parents. Car le fait de nourrir un petit oblige par exemple à chasser beaucoup ; le protéger en permanence nécessite d'être capable de se battre contre des prédateurs : autant d'actions qui augmentent la consommation d'énergie d'un animal. Certains ne possèdent pas ces capacités. En revanche, ils mettent souvent au monde des petits très bien formés qui sont capables de se débrouiller seuls dès leur naissance.

### Seuls dès le début !

La femelle **tortue de mer** abandonne ses œufs sur la plage. À leur naissance, les bébés doivent vite se précipiter vers la mer pour échapper aux prédateurs.

Les œufs de grenouille sont laissés dans l'eau. S'ils ne finissent pas dans la bouche d'un poisson, ils donneront **des têtards** qui deviendront des grenouilles.

**La chenille** de papillon sort d'un œuf abandonné par sa mère sur une feuille. Elle se nourrit toute seule, avant de se transformer en papillon.

La femelle **crocodile** élève ses petits jusqu'à ce qu'ils soient capables de chasser tout seuls. Pour les protéger des prédateurs, elle les transporte dans sa gueule ou au fond de sa gorge.

L'œuf du **manchot empereur** est couvé par le mâle. Quand l'oisillon naît, la mère le nourrit et le protège du froid en le gardant contre son ventre. Au bout de 40 jours, il rejoint une crèche collective autour de laquelle les adultes forment un écran réchauffant et protecteur.

La femelle **musaraigne** peut avoir 10 petits. Elle les allaite pendant quelques semaines. Quand ils se promènent, ils forment parfois une caravane : chacun tient entre ses dents la queue de celui qui le précède. Un bon moyen pour ne pas se perdre !

L'oisillon qui sort de l'œuf pondu par la femelle **flamant rose** reste au nid quelques jours, avant de rejoindre une crèche collective. Là, ses parents le nourrissent par régurgitation jusqu'à la poussée de ses plumes de vol.

# L'alimentation

*Sans nourriture, les animaux ne peuvent pas vivre. Mais ils n'ont pas tous le même appétit ni le même régime alimentaire. Celui-ci détermine leur aspect physique.*

**L'ours lippu** et **le mandrill** sont omnivores. C'est un gros avantage : ils sont rarement à court de nourriture.

## Les herbivores

**Les herbivores** sont les plus nombreux : ils mangent des feuilles, de l'herbe, des graines, des fruits... Certains sont très spécialisés, comme le panda qui ne se nourrit que de pousses de bambou. Ils sont souvent chassés par les carnivores qui mangent de la viande, du poisson, des insectes. D'autres animaux mangent de tout : ce sont les omnivores. Les charognards et les décomposeurs comme les vers de terre se contentent de plantes et d'animaux morts : ils nettoient ainsi la nature en se nourrissant.

**Le vautour** découpe les chairs avec son gros bec. Son long cou et sa tête déplumés s'enfoncent dans le ventre du cadavre sans être salis par le sang.

Avec sa grosse pince, **le homard** broie la coquille des mollusques, la carapace des crustacés, le squelette des poissons morts. Sa petite pince découpe les chairs.

**La poule** picore des grains avec son bec. Comme elle n'a pas de dents, elle ne les mâche pas. Mais elle avale des graviers qui vont broyer les grains dans son jabot, une poche de son cou.

**L'écureuil** est un rongeur qui se nourrit surtout de graines (noix, noisettes) et de fruits. Lorsque l'hiver approche, il constitue des réserves de nourriture.

**Le lamantin,** surnommé « vache marine », broute les plantes aquatiques dans les mers ou les estuaires des fleuves. Ses molaires sont remplacées dès qu'elles sont usées.

**La chauve-souris vampire** d'Amérique du Sud boit le sang des mammifères et des oiseaux, en perçant leurs veines avec ses dents coupantes. Sa salive empêche le sang de sécher sur la plaie.

**Le python réticulé** étouffe une jeune antilope en s'enroulant autour d'elle. Avec sa mâchoire élastique, il l'avale en entier. Il la digère pendant des semaines.

● **Le lombric** creuse des galeries dans le sol en avalant la terre. Il mange les déchets qu'elle contient et les transforme en humus. Il contribue ainsi à la fertilité du sol.

● **L'hyène** dévore les animaux tués et laissés par les gros prédateurs. Avec sa mâchoire très puissante, elle broie les os pour en manger la moelle.

● **La roussette géante** d'Australie dévore des fruits variés. Ses canines acérées, ses larges molaires et sa puissante mâchoire lui permettent de broyer les écorces les plus dures.

● **Le pélican** utilise son bec comme un filet de pêche : il stocke les poissons qu'il capture dans sa partie inférieure.

● **La sangsue** peut vivre un an sans manger. Ce ver parasite un animal en se nourrissant de son sang.

● **Le lycaon** est un prédateur carnivore très efficace. Il peut tuer une proie bien plus grosse que lui, comme un gnou, car il chasse en meutes où le partage des rôles est bien défini.

● **La loutre de mer** brise la coquille des oursins et des mollusques dont elle se nourrit en les frappant avec ses pattes avant contre une pierre posée sur son ventre.

● **La vache** broute l'herbe des prés ou mange l'herbe sèche (le foin). Elle rumine, c'est-à-dire qu'elle fait remonter dans sa bouche l'herbe pré-digérée dans son estomac avant de l'avaler pour de bon.

● **Le fourmilier** creuse un trou dans une fourmilière ou une termitière avec les griffes de ses pattes avant. Il enfonce sa langue de 50 cm : les insectes restent collés à ce tuyau enduit d'une salive gluante.

# Prédateurs et proies

*Dans la nature, les animaux ont des techniques variées pour chasser et se nourrir. Ils déploient aussi beaucoup d'astuces pour ne pas être mangés.*

**Dans un même milieu,** un animal cherche à manger certaines espèces dont il est le prédateur. Il risque aussi d'être mangé par d'autres animaux dont il est la proie. Tous ces animaux forment les maillons de chaînes alimentaires où chacun joue un rôle de mangeur-mangé. Tout en haut de ces chaînes, les « superprédateurs » ne craignent rien et peuvent n'être que des mangeurs. Sauf si un homme passe par là avec un fusil...

**L'iguane** tout vert passe inaperçu au milieu du feuillage. Il chasse à l'affût et a repéré un longicorne sur la branche.

**Le longicorne** orange est facilement repérable. Mais comme souvent dans la nature, cette couleur vive est une manière d'afficher qu'il est toxique.

**Le jaguar** se camoufle dans la lumière tamisée du sous-bois grâce à sa fourrure tachetée. Ce superprédateur guette ses proies au sol ou dans les arbres. C'est aussi un excellent nageur.

**La sauterelle-feuille** se confond avec une feuille quand ses ailes sont repliées. Une fois repérée, elle tente d'effrayer son prédateur, en ouvrant brutalement ses ailes où figurent deux ronds semblables à des yeux inquiétants.

**Le tatou géant** est protégé par une épaisse carapace formée d'écailles. En cas d'attaque, il peut creuser en quelques minutes un terrier où se cacher, se rouler en boule ou s'enfuir.

**La mygale** a détecté les vibrations émises par la sauterelle. Elle va s'abattre sur elle, la saisir avec ses pattes avant et la paralyser en lui injectant un violent poison.

En Amérique du Sud, **la forêt amazonienne** regroupe le plus grand nombre d'espèces animales différentes. C'est donc là que les techniques de chasse et de camouflage sont les plus variées et les plus étonnantes.

On pourrait croire que les couleurs vives de **l'ara** le rendent facile à repérer. En réalité, il vit dans la partie haute et éclairée de la forêt. Et la lumière, qui fait briller ses plumes, le rend indiscernable.

**Le serpent corail** est reconnaissable à ses anneaux colorés. Il est tellement venimeux qu'il est peu ennuyé. D'autres serpents non venimeux imitent sa livrée pour bénéficier de cette tranquillité.

**Le singe hurleur roux** pousse des cris audibles à des kilomètres à la ronde. Idéal pour prévenir ses congénères de la présence du jaguar.

**Le paresseux** est très lent : il ne peut donc pas échapper par la fuite à un prédateur. En revanche, il abrite dans son pelage une algue verte qui lui sert de camouflage efficace.

**Les grenouilles dendrobates** peuvent être bleu azur, vert acide, rouges... : des couleurs qui affirment haut et fort qu'elles sont toxiques.

**Le cabiai** est le plus gros des rongeurs. Il se nourrit de plantes aquatiques au bord des rivières. Pour échapper au jaguar, ce bon nageur va se cacher dans l'eau, ne laissant dépasser que ses yeux, ses oreilles et ses narines.

**Le caïman** se confond avec un tronc d'arbre mort. À l'affût, alors qu'il a repéré le cabiai, il ne laisse émerger que ses yeux et ses narines. Soudain il va bondir sur sa proie et l'entraîner au fond de l'eau pour la noyer.

**Les piranhas** chassent en bancs. Ces carnivores attaquent de gros animaux blessés dont ils sentent le sang. Avec leurs dents coupantes comme des lames de rasoir, ils les déchiquetteront entièrement.

# Drôles d'animaux !

*Les animaux sont incroyables et ont parfois des comportements étonnants. En voici quelques exemples parmi les plus spectaculaires.*

Quand il fait trop chaud, **l'écureuil fouisseur** dresse au-dessus de lui sa queue qui lui sert de parasol.

**Le dragon volant** s'élance d'un arbre et plane dans les airs. Pour cela, ce reptile déploie, tel un parachute, la membrane de peau qu'il a entre les pattes.

Les femelles **bousiers** font des boulettes de bouse qui nourriront leurs larves dans leur terrier.

**Les pique-bœufs** sont posés sur **l'antilope** pour dévorer les parasites de sa peau. Grâce à cette coopération, l'antilope est en bonne santé et les pique-bœufs ont de quoi manger.

**Le grand dragon de mer,** un hippocampe australien, a une peau qui ressemble à un manteau d'algues. Idéal pour se camoufler en toute sécurité !

**Cette grenouille** fait la morte : elle se met sur le dos, ralentit son rythme cardiaque et se raidit. Un bon moyen pour détourner un prédateur !

Si le nez des femelles et des jeunes **nasiques** est retroussé, celui des mâles ressemble à une trompe. Il s'allonge avec l'âge et peut atteindre 10 cm !

Le jeune **kangourou** est trop grand pour se réfugier dans la poche de sa mère : en revanche, il n'hésite pas à y cacher sa tête s'il veut être rassuré...

**Les fourmis Atta** d'Amérique du Sud sont des cultivatrices. Elles transportent jusqu'à la fourmilière des feuilles qui leur servent de litière pour faire pousser les champignons dont elles raffolent.

En se réfugiant entre les bras urticants de **l'anémone de mer, le poisson clown,** immunisé, se protège de ses prédateurs. En contrepartie, il attire des petits animaux que l'anémone dévore.

# Le corps humain

# Os, muscles et organes

*Le corps humain ressemble à un montage ingénieux et complexe de centaines d'organes : les os, le cerveau, le cœur, les poumons, les intestins, la peau...*

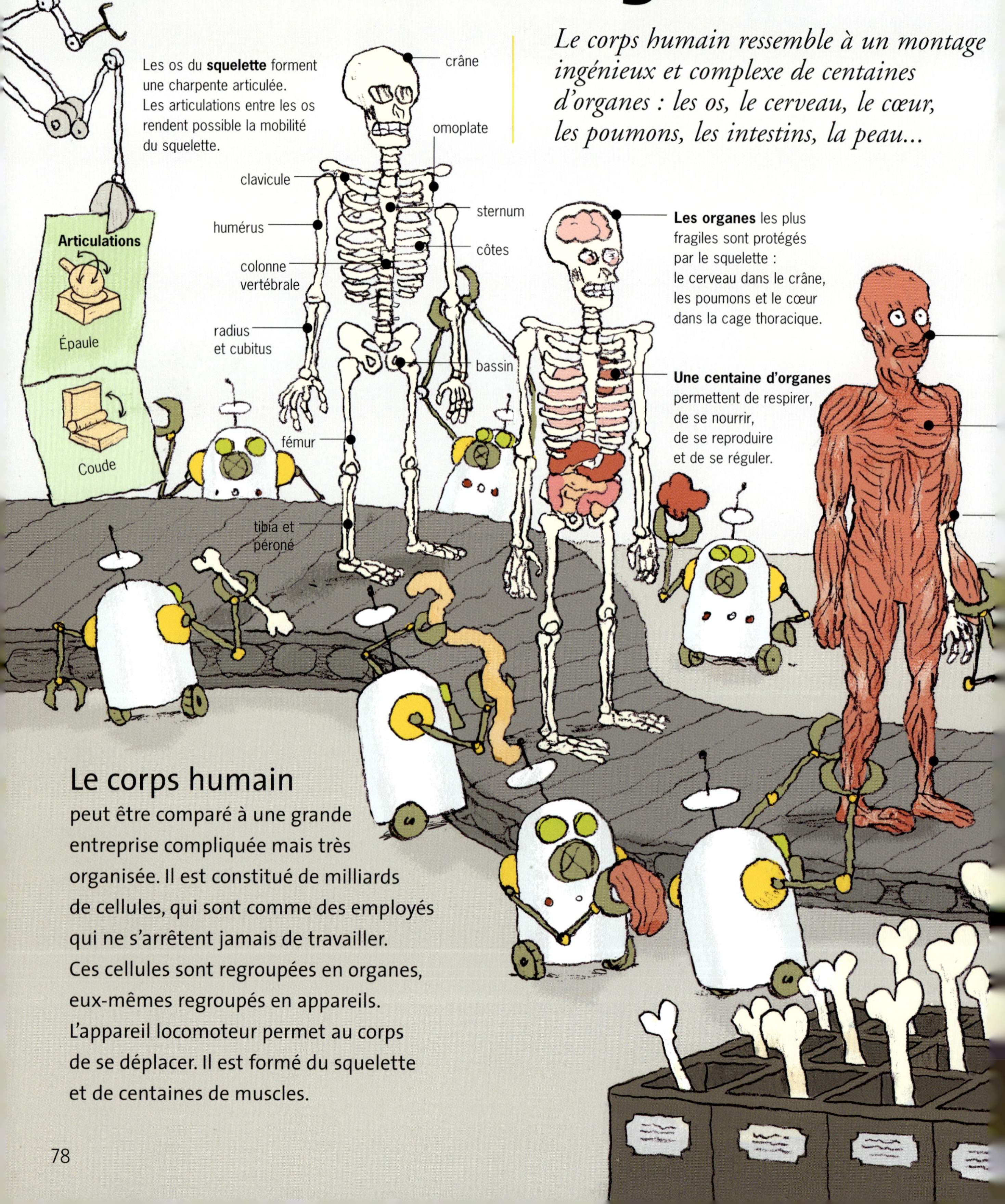


Les os du **squelette** forment une charpente articulée. Les articulations entre les os rendent possible la mobilité du squelette.

**Les organes** les plus fragiles sont protégés par le squelette : le cerveau dans le crâne, les poumons et le cœur dans la cage thoracique.

**Une centaine d'organes** permettent de respirer, de se nourrir, de se reproduire et de se réguler.

## Le corps humain

peut être comparé à une grande entreprise compliquée mais très organisée. Il est constitué de milliards de cellules, qui sont comme des employés qui ne s'arrêtent jamais de travailler. Ces cellules sont regroupées en organes, eux-mêmes regroupés en appareils. L'appareil locomoteur permet au corps de se déplacer. Il est formé du squelette et de centaines de muscles.

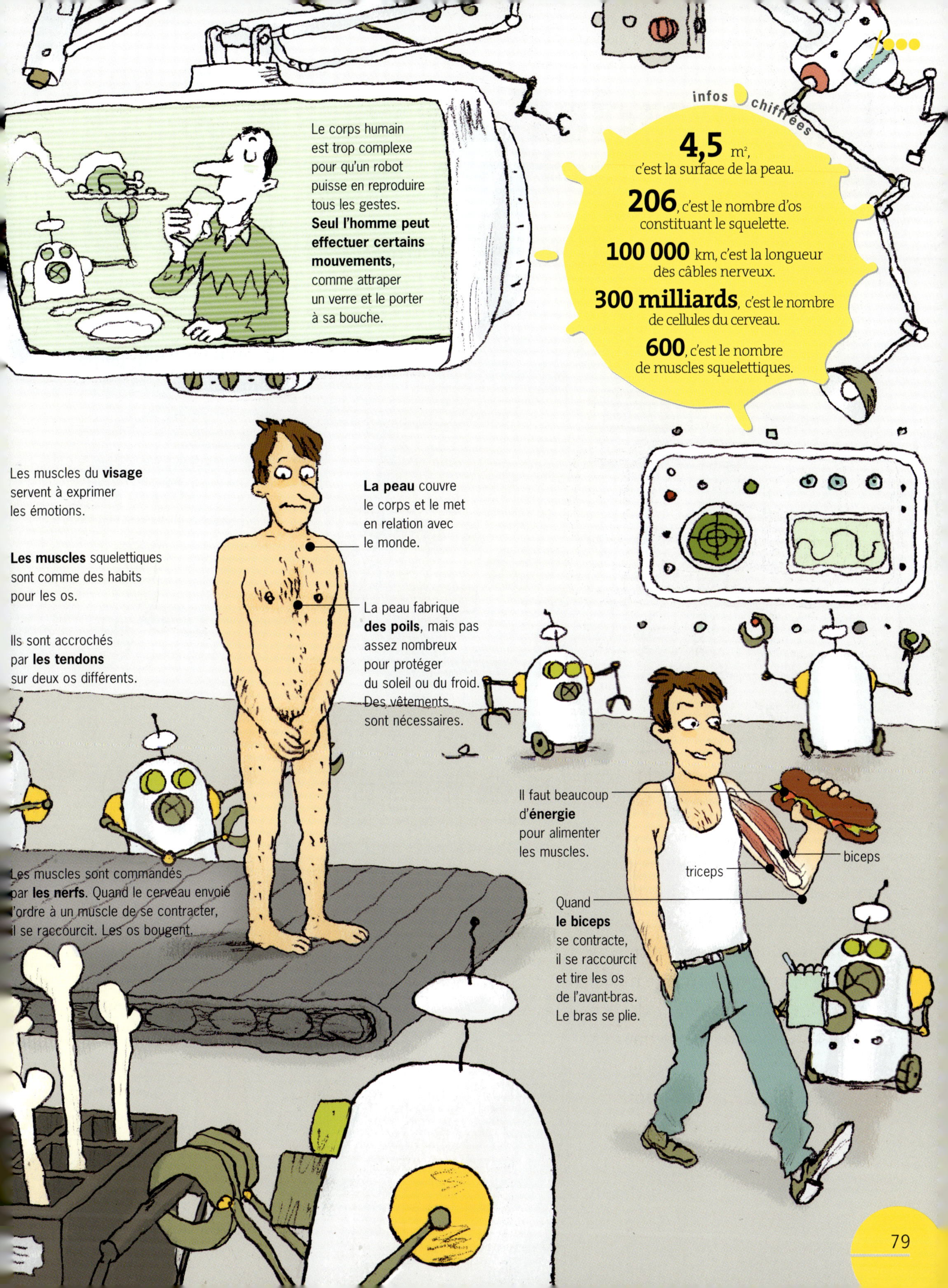

Le corps humain est trop complexe pour qu'un robot puisse en reproduire tous les gestes. **Seul l'homme peut effectuer certains mouvements**, comme attraper un verre et le porter à sa bouche.

**infos chiffrées**

**4,5** m², c'est la surface de la peau.

**206**, c'est le nombre d'os constituant le squelette.

**100 000** km, c'est la longueur des câbles nerveux.

**300 milliards**, c'est le nombre de cellules du cerveau.

**600**, c'est le nombre de muscles squelettiques.

Les muscles du **visage** servent à exprimer les émotions.

**Les muscles** squelettiques sont comme des habits pour les os.

Ils sont accrochés par **les tendons** sur deux os différents.

**La peau** couvre le corps et le met en relation avec le monde.

La peau fabrique **des poils**, mais pas assez nombreux pour protéger du soleil ou du froid. Des vêtements sont nécessaires.

Les muscles sont commandés par **les nerfs**. Quand le cerveau envoie l'ordre à un muscle de se contracter, il se raccourcit. Les os bougent.

Il faut beaucoup d'**énergie** pour alimenter les muscles.



Quand **le biceps** se contracte, il se raccourcit et tire les os de l'avant-bras. Le bras se plie.

# L'alimentation et la digestion

*Avant d'être utilisés comme matériaux de construction ou comme carburant pour le corps, les aliments doivent être transformés. C'est la digestion.*

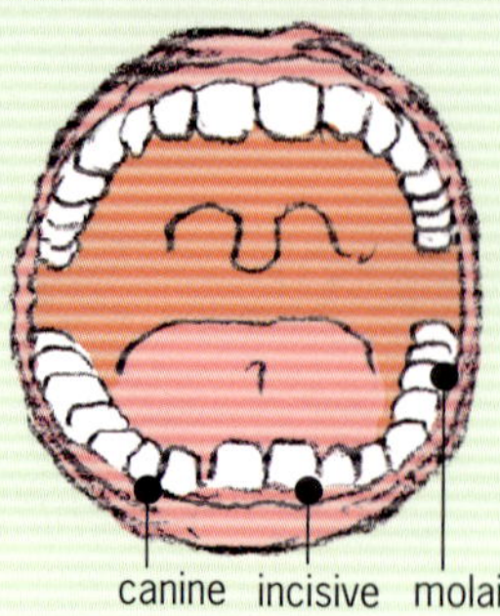


## Dents

8 incisives pour couper les aliments,
4 canines pour les déchiqueter,
20 molaires pour les écraser.

### Bouche

Grâce à **nos dents**, spécialisées, les aliments sont coupés, déchiquetés, écrasés et imprégnés par la salive. Ainsi, ils traverseront plus facilement **l'œsophage**, la partie haute du tube digestif.

### Œsophage

## Notre corps

**Notre corps** se construit et fonctionne grâce à ce que nous mangeons. Les aliments sont classés en différents groupes selon leurs apports nutritifs. Les viandes, les œufs, les poissons et les produits laitiers sont indispensables pour grandir et pour se réparer. Les céréales, les féculents (pomme de terre, lentille...) et les matières grasses apportent de l'énergie. Les fruits et les légumes verts aident à rester en bonne forme. Les boissons renouvellent l'eau que le corps perd chaque jour.

## Appareil digestif

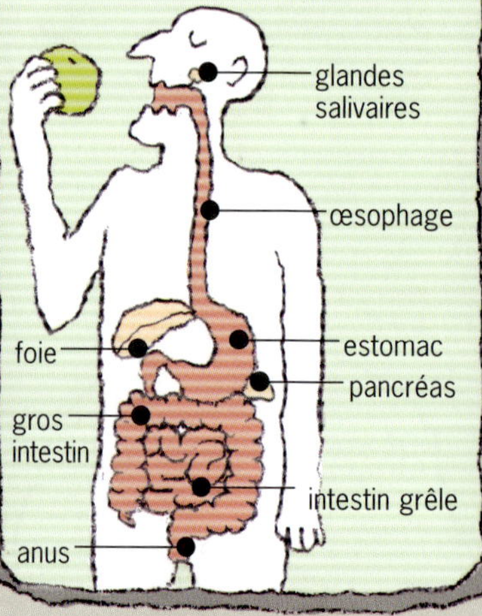

**La digestion** permet de transformer la nourriture et de la rendre utilisable par le corps. Tout au long de leur parcours dans le tube digestif, les aliments sont écrasés, liquéfiés, puis transformés peu à peu par les substances chimiques fabriquées par les glandes digestives. Ils sont ainsi simplifiés en tout petits éléments qui vont pouvoir passer dans le sang et être distribués à toutes les cellules du corps.

### Et l'urine, d'où vient-elle ?

L'urine ne vient pas de la digestion, elle est fabriquée par les reins. Elle contient des déchets qui proviennent de ton corps et qui pourraient être dangereux. Les reins fonctionnent comme des filtres : quand le sang traverse les reins, ils le débarrassent de ces déchets et de l'eau en surplus et les transforment en urine. L'urine est ensuite stockée dans une petite poche, la vessie, avant d'être évacuée.

La nourriture arrive très vite dans **l'estomac**. Elle y est brassée entre 2 et 8 heures. Les substances chimiques du suc digestif la transforment en bouillie.

20:00

La bouillie passe dans **l'intestin grêle**. Les muscles qui tapissent la paroi de l'intestin se contractent et font avancer la bouillie. Des substances chimiques provenant de l'intestin, du foie et du pancréas poursuivent la digestion.

24:00

4 heures plus tard, les aliments consommés sont transformés. **Les nutriments**, les éléments libérés par la digestion, sont absorbés. Ils passent à travers la paroi de l'intestin et gagnent les vaisseaux sanguins.

Dans **le gros intestin**, il faut compter environ 15 heures avant que la digestion se termine. L'eau y est absorbée.

15:00

Les aliments qui ne peuvent pas être digérés forment **les excréments**. Ils sont évacués par l'anus. Plus d'une journée s'est écoulée depuis le repas !

Grâce au **cœur**, les nutriments passés dans le sang sont distribués à tous les organes.

# La circulation sanguine

*En empruntant les 950 kilomètres de vaisseaux sanguins de notre corps, des milliards de globules rouges transportent l'oxygène dans tout l'organisme. C'est le cœur qui les met en circulation.*

**Inspirer, expirer !** Sans y penser la plupart du temps, aussi bien pendant que nous sommes éveillés que pendant notre sommeil, nous effectuons des mouvements respiratoires. Ces mouvements permettent à l'air d'entrer et de sortir régulièrement de nos poumons. L'oxygène indispensable à la vie, et qui est contenu dans l'air, peut ainsi être prélevé. Il est pris en charge par le sang. Le cœur, en se contractant, met en mouvement le sang et l'oxygène peut être distribué dans tout le corps.

**métier...**

**contrôleur de l'air**

Ce nouveau métier est indispensable dans les villes : les industries et la circulation automobile rejettent dans l'atmosphère des polluants nuisibles pour la santé. Des spécialistes effectuent chaque jour des mesures de qualité de l'air. En cas de pollution importante, ils alertent les médias et recommandent d'éviter de sortir les jeunes enfants.

En cas d'effort physique, les muscles ont besoin de beaucoup d'énergie pour fonctionner. Le rythme respiratoire s'accélère et le cœur se met à battre plus rapidement. Les muscles peuvent ainsi recevoir plus vite l'oxygène et les aliments qui leur sont nécessaires. Après, on est tout essoufflé et on a besoin de temps pour récupérer.

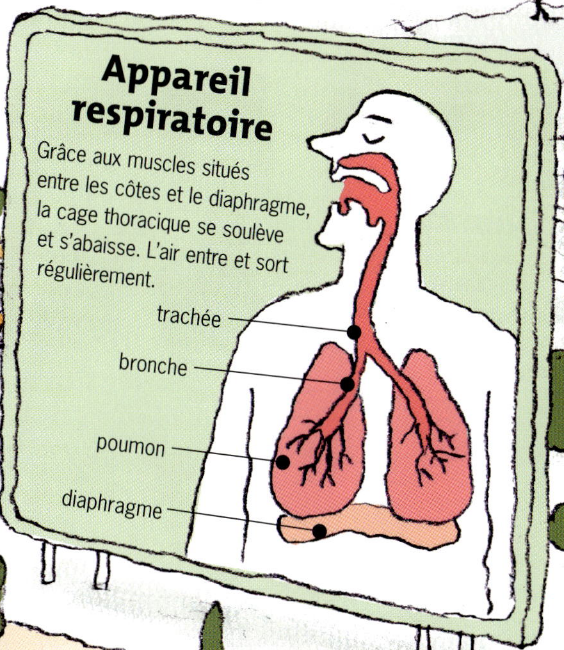


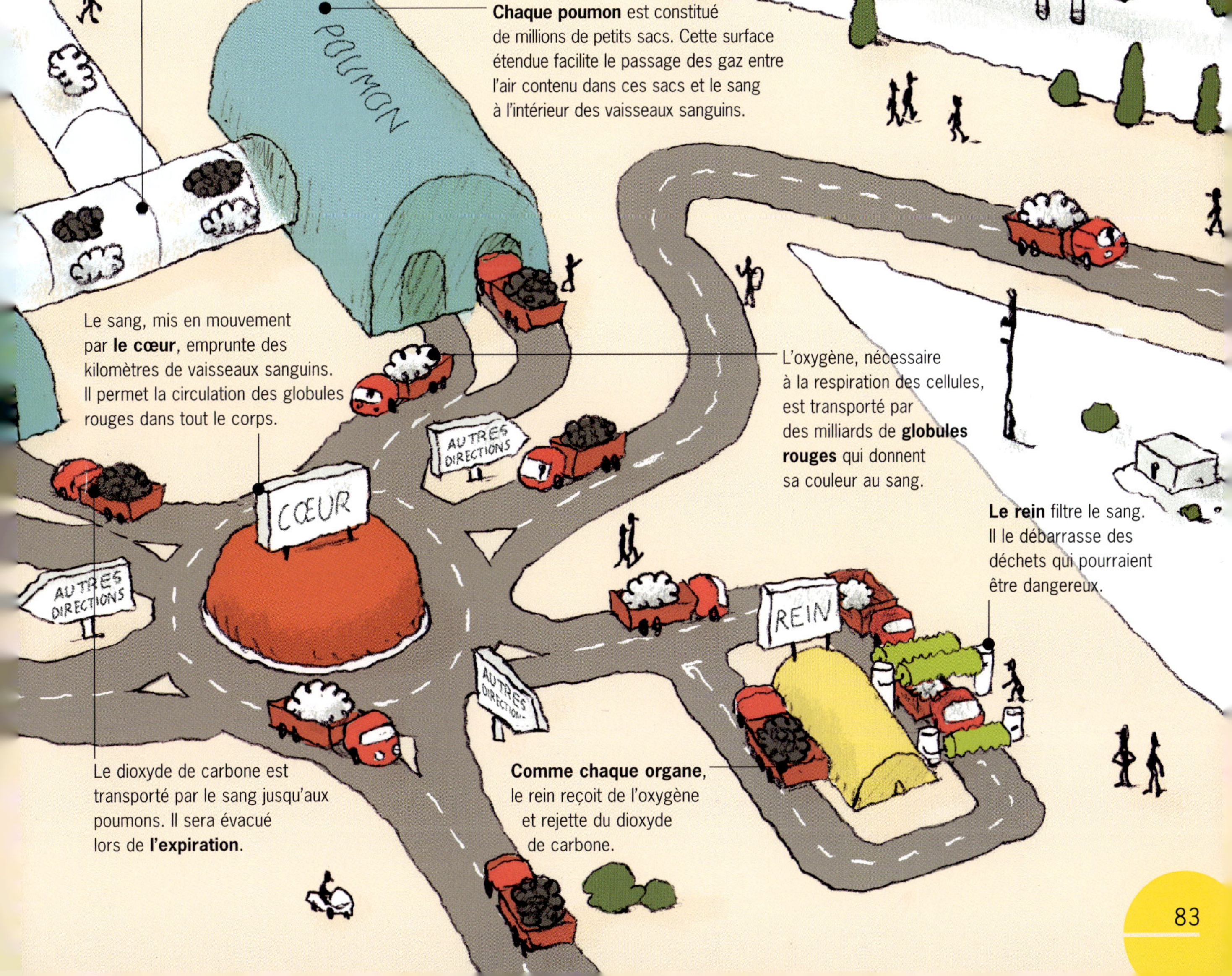

# Les cinq sens

*Les sens jouent un rôle essentiel dans notre perception du monde. Les organes des sens captent les stimulations et les codent en signaux. Ces signaux sont transportés par les nerfs sensoriels à des endroits précis du cerveau.*

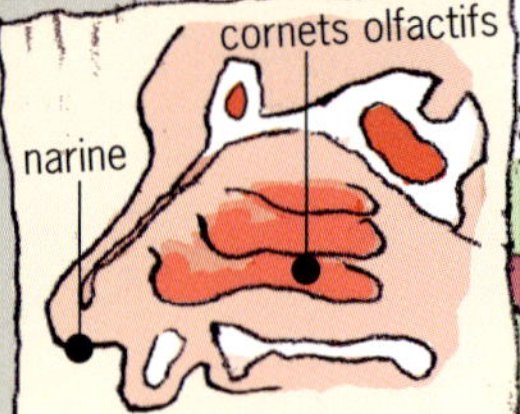


## Odorat

L'air, chargé de senteurs, pénètre à l'intérieur du **nez** jusqu'à des cavités tapissées de cellules sensibles aux odeurs.

**Le chien** perçoit 1 000 à 1 million de fois mieux les odeurs que l'homme.

**Le goût** et **l'odorat** sont en étroite relation. Quand on a le nez bouché, on n'apprécie plus aussi bien le goût de ce que l'on mange.

C'est **le cerveau** qui perçoit les sensations. Il traite les informations reçues, les compare aux données mémorisées et les interprète.

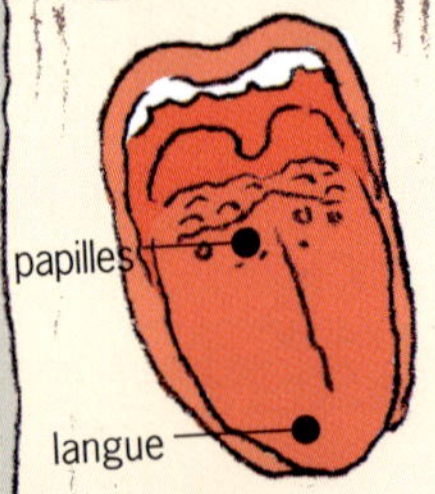


## Goût

Les papilles gustatives de **la langue** savent reconnaître quatre saveurs : le sucré, le salé, l'acide et l'amer.

**Vue, ouïe, toucher, odorat et goût :** nos cinq sens sont comme des fenêtres étroites sur le monde extérieur. Les récepteurs de l'œil et ceux de l'oreille captent des messages émis à distance. Les cellules olfactives du nez et les cellules gustatives de la bouche sont sensibles aux substances chimiques. Les organes sensoriels de la peau répondent aux stimulations directement exercées sur le corps.

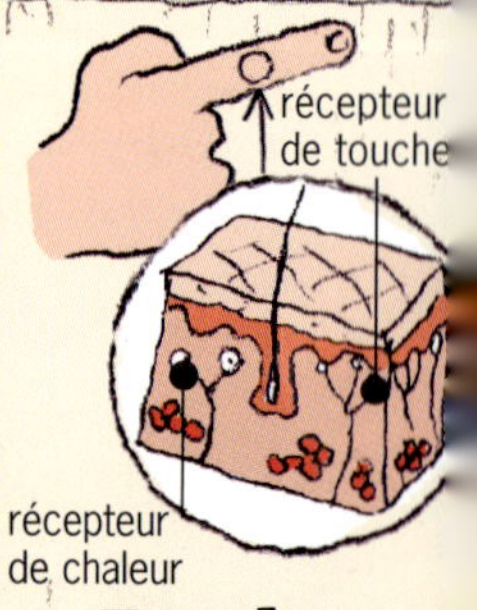


## Toucher

De nombreux capteurs, répartis dans **toute la peau**, permettent le sens du toucher.

## Que se passe-t-il quand un des sens fait défaut ?

Vivre avec un gros handicap sensoriel, c'est faire face à un défi pour découvrir le monde et communiquer avec autrui. Selon le handicap, on peut envisager un appareillage, une rééducation ou des apprentissages spécifiques. Ainsi, l'alphabet Braille, fondé sur un système de points en relief, permet aux personnes aveugles de lire, tandis que le langage des signes facilite la communication des personnes sourdes et muettes.

### Vue

Les millions de récepteurs de **l'œil**, sur la rétine, codent les informations sur la lumière et la couleur. Ces signaux sont transmis au cerveau par le nerf optique.

C'est parce que l'on a deux yeux que l'on peut **percevoir les reliefs** et **estimer les distances**.

**Des lunettes** ou des lentilles de contact peuvent corriger certains défauts de la vision.

Chez **un non-voyant**, les autres sens se développent et deviennent plus performants.

### Ouïe

Les sons pénètrent dans **l'oreille** et font vibrer le tympan. Ces vibrations se propagent grâce à de petits os jusqu'à l'oreille interne où elles sont codées. Les signaux sont transmis par le nerf auditif.

Très fragile, **l'oreille interne** peut être endommagée par des sons trop puissants.

Certaines parties du corps, comme la paume de la main et **le bout des doigts**, sont très sensibles. Normal ! Elles possèdent beaucoup de capteurs.

**La peau** est sensible à la température, à la pression et à la douleur.

C'est grâce au **toucher** que l'on reconnaît la forme d'un visage ou que l'on sent si l'on nous touche.

# Neuf mois pour naître

*1 + 1 = 1 : voici comment un homme et une femme, en s'aimant, peuvent donner naissance à un bébé, comment deux cellules reproductrices, en fusionnant, donnent un œuf qui se divisera et formera un embryon.*

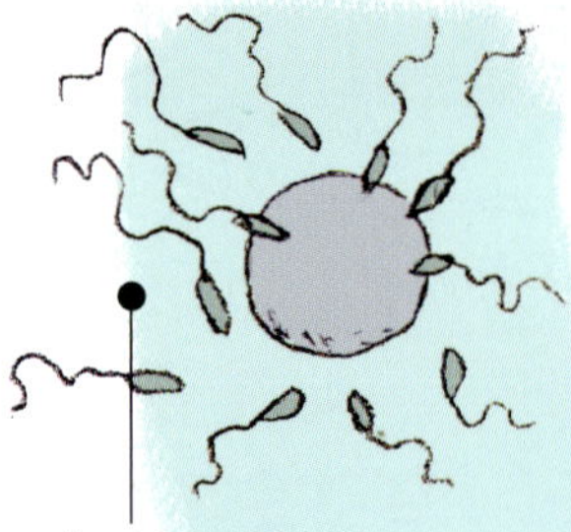

**Un ovule** est produit par la mère. De nombreux **spermatozoïdes** sont déposés par le père.

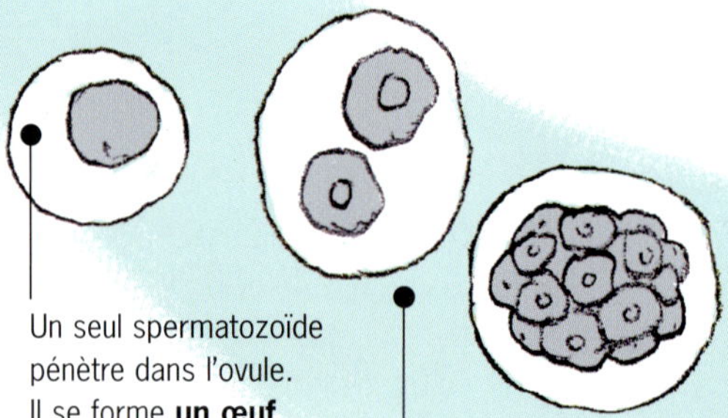

Un seul spermatozoïde pénètre dans l'ovule. Il se forme **un œuf**.

L'œuf se divise en deux, quatre, huit, puis seize cellules… **L'embryon** s'implante dans **l'utérus**, un muscle creux, très extensible, à l'intérieur du ventre de la femme.

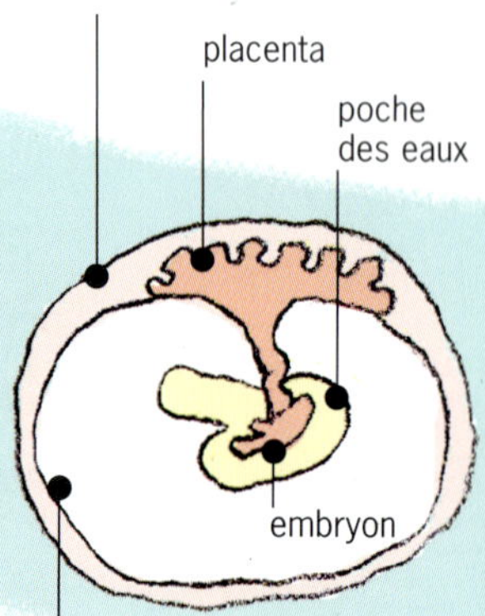


À trois semaines, l'embryon est protégé par **une poche remplie d'eau**. Il a la taille d'un grain de blé et son cœur commence à battre. **Le cordon ombilical** le rattache à sa mère et lui apporte, grâce au placenta, les substances nécessaires à son développement.

## Un homme, une femme et de l'amour :

voilà ce qu'il faut pour qu'un futur bébé puisse se former. Quand un homme et une femme s'aiment, ils ont envie de se caresser et de faire l'amour. Le plaisir qu'ils se donnent peut conduire l'homme à faire pénétrer son pénis dans le vagin de la femme qu'il aime et à y déposer un liquide qui contient de nombreux spermatozoïdes.

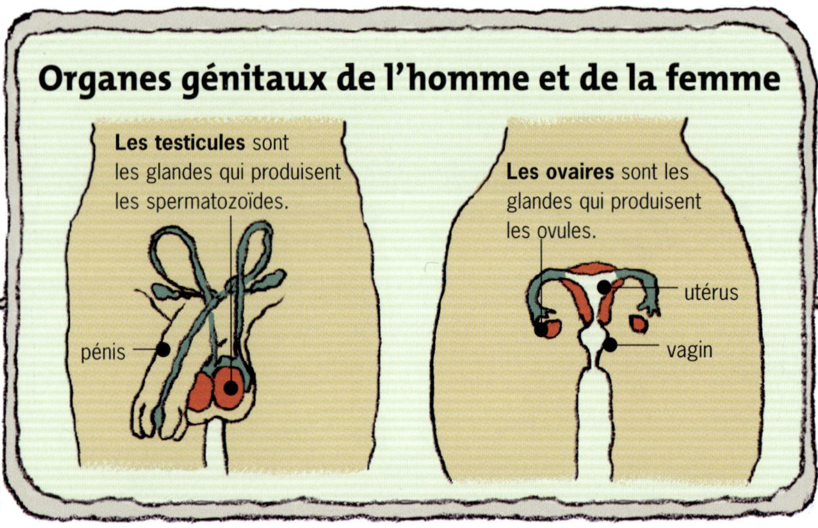

Tout commence à la fécondation, quand un spermatozoïde, déposé par le père, rencontre l'ovule émis par la mère. Le spermatozoïde fusionne avec l'ovule et il se forme un œuf. Chaque cellule reproductrice apporte la moitié des informations nécessaires au développement du futur bébé. Son sexe est dès lors déterminé. L'œuf se divise rapidement et l'embryon s'installe dans le ventre de la mère. Peu à peu, il se développe. Neuf mois seront nécessaires pour que le bébé arrive à terme.

### Comment naissent les jumeaux ?

Il peut arriver que deux ovules soient produits par la mère et soient fécondés en même temps. Ces deux œufs, en se développant, donneront deux embryons qui deviendront des « faux jumeaux » : ils auront le même âge, peut-être le même sexe, mais seront différents. Il peut arriver aussi qu'un seul œuf, en se divisant, donne deux embryons. Ces deux embryons seront de même sexe et identiques. Ce seront alors des « vrais jumeaux ».

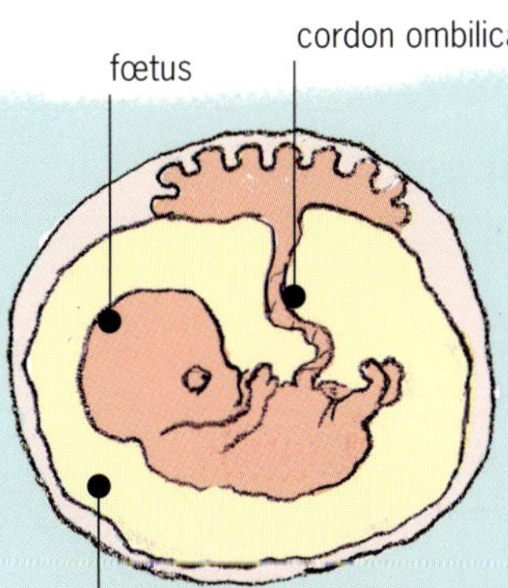


À trois mois, le fœtus a **une forme humaine** reconnaissable. Les principaux organes sont en place. La croissance va se poursuivre jusqu'à la naissance.

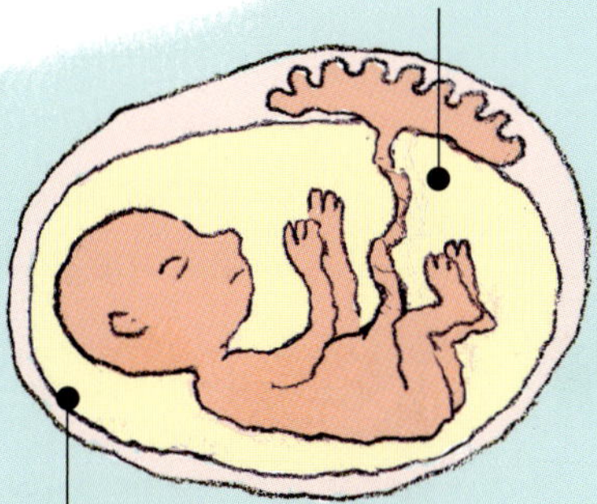


À sept mois, le développement du fœtus n'est pas encore achevé. Si l'enfant naît, il est **prématuré**. Il est placé en couveuse et a besoin de soins particuliers.

À neuf mois, **l'enfant est à terme**. Les contractions de l'utérus le poussent à l'extérieur. Quand le bébé est sorti, le médecin coupe le cordon ombilical. La petite cicatrice formera le nombril. Le bébé se met à pleurer, sa respiration devient autonome.

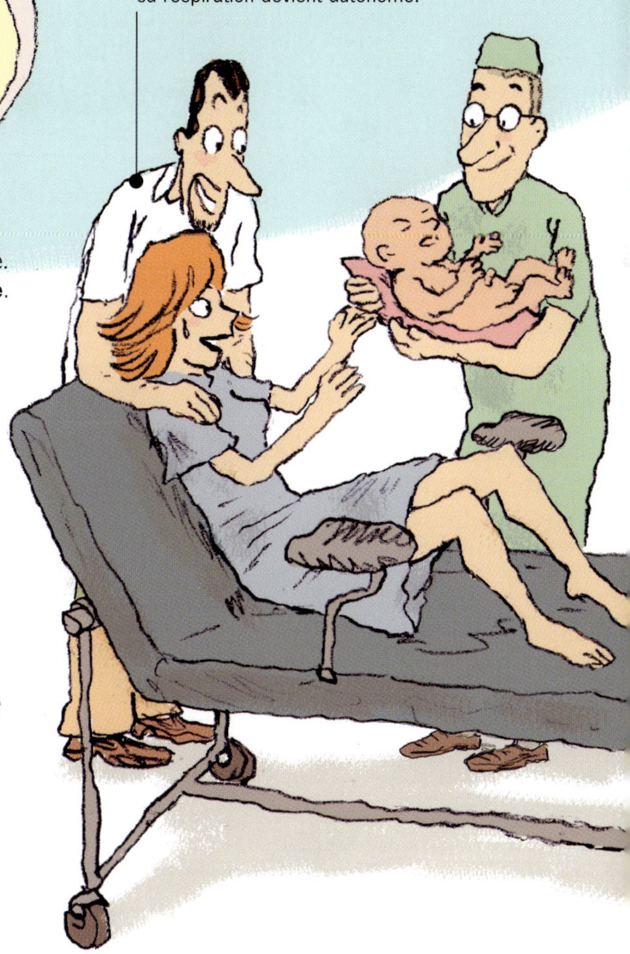

Des techniques, comme **l'échographie** qui donne des images du fœtus, permettent de suivre la grossesse.

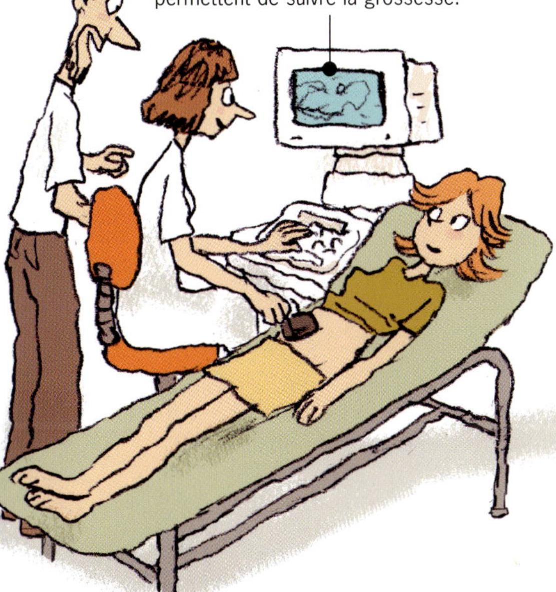

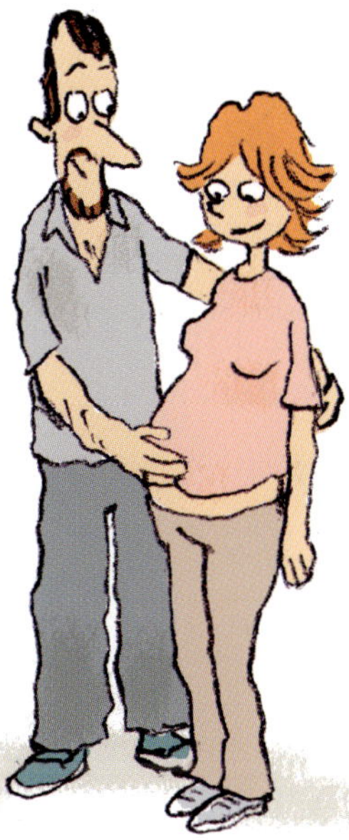

# Les périodes de la vie

*Enfance, adolescence, vie adulte, vieillesse : chaque étape de la vie apporte ses transformations, ses expériences et ses rencontres.*

Tout au long de l'enfance, le corps grandit et se transforme lentement. L'enfant développe ses capacités d'apprentissage et son désir de découvertes. Vers 11-12 ans, sa croissance s'accélère et plusieurs changements se produisent. Des poils apparaissent sous les bras et autour du sexe. Ce sont les premiers signes de la puberté. La petite fille ou le petit garçon devient peu à peu une jeune femme ou un jeune homme.

Jusqu'à 3 mois, **le bébé** dort beaucoup. Il tète le sein de sa mère ou boit des biberons de lait.

**À 3 ans**, l'enfant va à l'école maternelle. Il parle de mieux en mieux.

Rubéole, oreillons, varicelle… **Ces maladies infantiles** dues à des microbes ne sont pas graves mais très contagieuses.

**À partir de 8 mois**, le bébé émet des sons articulés. Il se tient assis, se déplace à quatre pattes et touche à tout !

Garder des activités intellectuelles et physiques aide à mieux vivre sa **vieillesse**.

**Entre 10 et 18 mois**, le bébé apprend à marcher seul. Il mange avec une cuillère et comprend de nombreux mots.

**À 6 ans**, l'enfant apprend à lire et à écrire. La première dent définitive sort.

**À 4 ans**, l'enfant, de plus en plus habile, apprend à faire du vélo.

**Être en bonne santé**, c'est être bien dans son corps et bien dans sa tête. Une bonne hygiène, une alimentation équilibrée, faire du sport et se sentir aimé aident à maintenir cette santé.

infos chiffrées

En 70 ans, la vie, c'est aussi :

**200 jours** à se laver
**6 ans** à manger
**9 ans** pour son métier
**23 ans** à dormir
**450 jours** d'école (jusqu'à la fin du collège)

**Les vaccins** protègent de maladies qui peuvent être graves.

Souvent, il faut du temps à **l'adolescent** pour découvrir son nouveau corps.

Peu à peu, les jeunes découvrent les sentiments amoureux et **des couples** se forment.

**À la puberté**, les seins de la jeune fille se développent. Chez les garçons, la voix devient plus grave.

Vivre un **handicap**, passager ou définitif, nécessite parfois des aménagements pour la vie quotidienne.

## Il arrive que le corps souffre

suite à un accident ou une maladie. Ou qu'un handicap rende plus difficiles les activités quotidiennes. Des soins appropriés et la solidarité des autres peuvent aider à retrouver la santé. Malgré tout, au fil des ans, l'organisme s'use, il se fatigue plus vite : c'est le vieillissement. Le rythme des personnes âgées se ralentit, mais elles ont encore tellement à partager !

Bon pour la santé, **le sport** développe aussi la confiance en soi et le respect des autres.

# L'Histoire

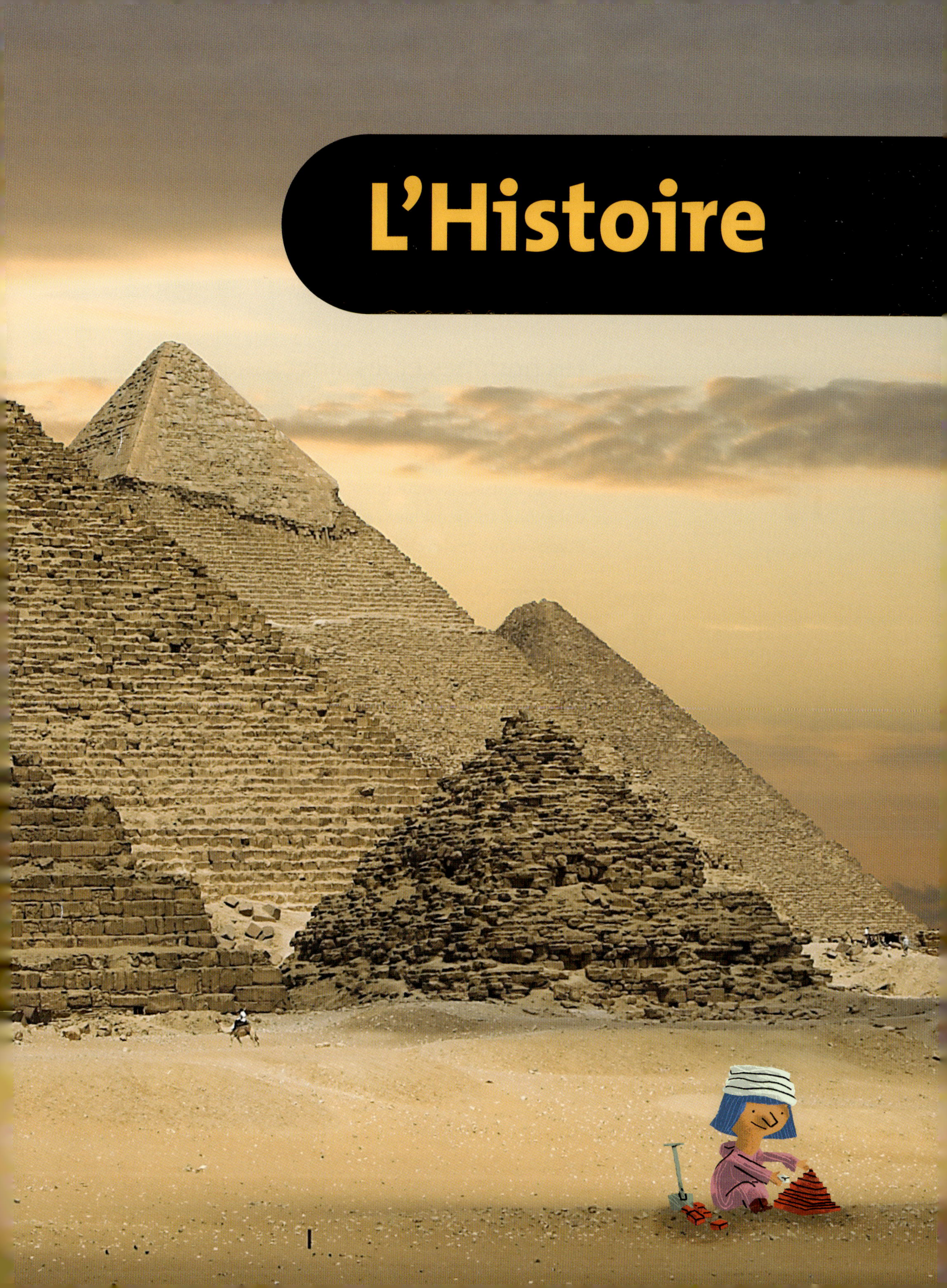

# La préhistoire

**chrono**

- **- 6 millions d'années** Premiers représentants connus de la lignée humaine.
- **- 2,3 millions d'années** Fabrication des premiers outils.
- **- 500 000** L'homme découvre comment faire du feu.
- **- 8 000** Révolution néolithique : début de l'agriculture, premiers villages.
- **- 3 300** Invention de l'écriture, fin de la préhistoire, début de l'histoire.

*Les ancêtres des hommes sont sans doute apparus il y a plus de 6 millions d'années, sur le continent africain. C'est le début de la préhistoire, une période qui dure des millions d'années, jusqu'à l'invention de l'écriture.*

## Les hommes et les singes ont des ancêtres communs.

Il y a 6 ou 7 millions d'années, ces ancêtres se sont séparés en deux groupes : la lignée des singes et la lignée humaine. Les premiers représentants de la lignée humaine ressemblaient encore à de grands singes. Ils ont évolué très lentement et sont passés par bien des étapes avant de devenir des hommes comme nous.

**Il y a environ 3,5 millions d'années**

**L'australopithèque** est l'un de nos plus lointains ancêtres. Il ne sait pas fabriquer d'outils, mais il marche sur ses jambes sans se servir de ses mains.

## Quelques traces de nos ancêtres...

Le crâne de **Toumaï,** notre plus vieil ancêtre (6 ou 7 millions d'années).

Le squelette de **Lucy,** une australopithèque de 3,1 millions d'années.

**Le plus ancien outil :** un galet fabriqué par un homo habilis.

Un silex taillé sur ses deux faces **(« biface »)** par un homo erectus.

**Des peintures** sur les parois d'une grotte (à Altamira, en Espagne

**Il y a 2,6 millions d'années**

**L'homo habilis** est le premier homme. Il sait fabriquer des outils et construire des cabanes avec des branches.

**Il y a 2 millions d'années**

**L'homo erectus** sait faire du feu. Il l'utilise pour faire cuire des aliments, se chauffer, éclairer le fond des grottes, éloigner les animaux, durcir la pointe de sa lance pour mieux chasser.

**Il y a 200 000 ans**

**L'homme de Néandertal** est le premier à enterrer ses morts. Avec des pointes et des silex perfectionnés, il chasse le gros gibier.

**Il y a 40 000 ans**

**L'homo sapiens** est un homme moderne, comme nous. Il est capable de sculpter des statuettes, des bijoux, de peindre des animaux sur les parois des grottes...

Jne **Vénus,** etite sculpture le femme.

## Très longtemps, les hommes sont des nomades.

Ils se déplacent pour trouver des aliments (animaux, fruits...). Il leur faut des milliers d'années pour apprendre à produire eux-mêmes leur nourriture : cultiver la terre et élever des animaux. Comme ils ont besoin de rester près de leurs cultures pour s'en occuper, ils construisent les premiers villages et deviennent sédentaires.

# Les Égyptiens

*Durant 3 000 ans, les puissants pharaons d'Égypte règnent sur les rives du Nil. Leur peuple construit de gigantesques monuments, invente l'une des premières écritures, célèbre des dieux mystérieux…*

chrono

**Vers – 3100**
Règne de Narmer, le premier pharaon.

**Vers – 2600**
Le pharaon Khéops construit la plus haute des pyramides.

**Vers – 1340**
Mort du pharaon Toutankhamon.

**Vers – 1290**
Début du long règne du pharaon Ramsès II.

**– 332**
L'Égypte est conquise par le Grec Alexandre le Grand.

Nous sommes en – 1343. Le jeune pharaon Toutankhamon vient de mourir. Un long cortège conduit le roi défunt vers sa tombe où, selon les croyances égyptiennes, l'attend un voyage vers l'au-delà…

**Anubis,** dieu des morts, accompagne le défunt.

**Le cercueil** contient la momie du pharaon.

**La barque funéra** symbolise le voyag vers le pays des morts.

**Des serviteurs** transportent tout ce qui peut être utile au pharaon dans l'au-delà : meubles, bijoux, nourriture…

**L'Égypte des pharaons**

## L'Égypte est un cadeau du Nil.

Sans ce fleuve, elle serait un désert. Chaque année, au mois d'août, le Nil déborde et dépose une boue fertile sur ses rives : le limon. Cette terre très riche permet de faire trois récoltes par an. Ainsi l'Égypte produit du blé en abondance, mais aussi des fruits, des légumes… Pour les Égyptiens, le Nil est un dieu. Il fait la richesse de leur pays.

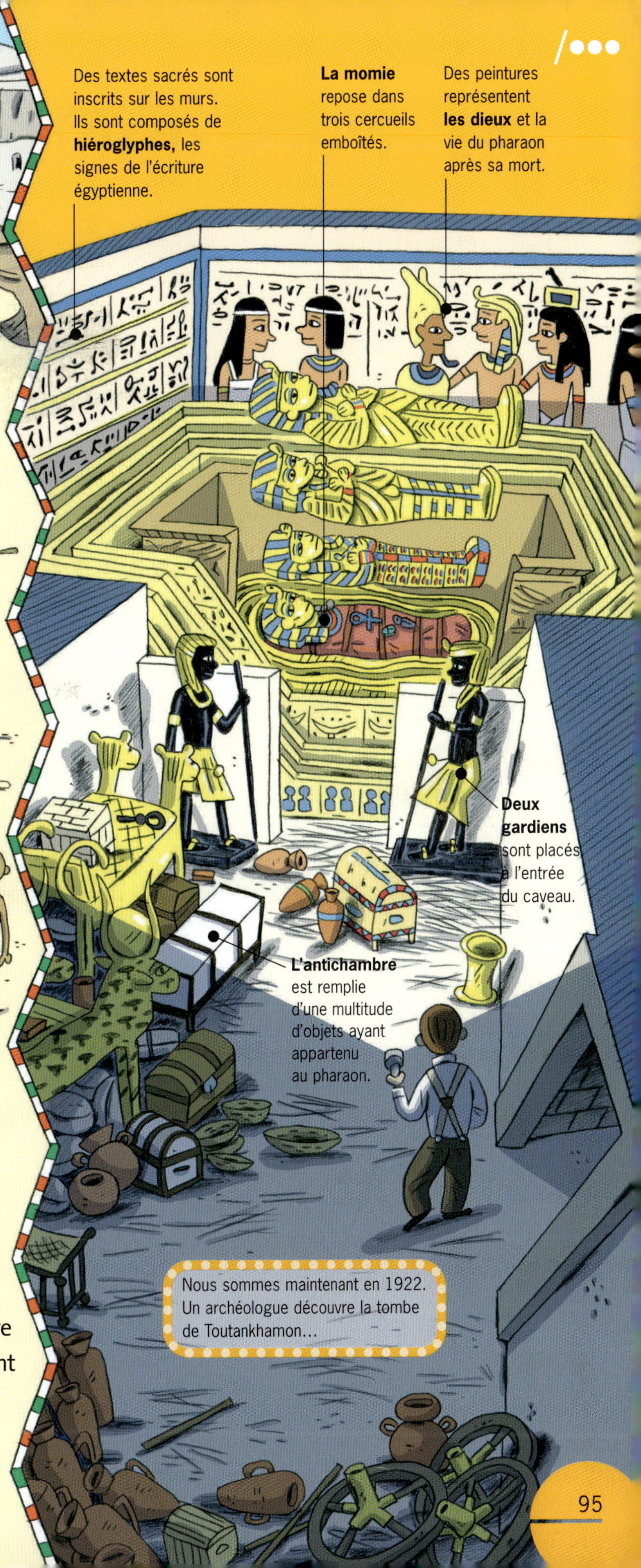


**À la tête de la société** règne le pharaon : son pouvoir est absolu. Il est un dieu vivant, fils de Râ, le dieu Soleil. Un premier ministre l'aide à gouverner et une cour somptueuse l'entoure dans son palais. Les prêtres et les fonctionnaires font aussi partie de la haute société. La majorité de la population se compose d'artisans et de paysans.

# Les Grecs, quels génies !

chrono

**vers – 776**
1ers jeux Olympiques.

**vers – 700**
Expansion grecque sur les côtes de la Méditerranée.

**– 507**
La cité d'Athènes devient une démocratie.

**vers – 480**
Début de l'âge classique : apogée de la culture grecque.

**– 447**
Construction du Parthénon, à Athènes.

**– 323**
Mort d'Alexandre le Grand, qui a conquis un immense empire, allant jusqu'en Inde.

*Il y a 2 500 ans, les habitants de la Grèce, un petit pays méditerranéen, bâtissent une brillante civilisation. Ils ont tout inventé ! Les mathématiques, la philosophie, la démocratie, les compétitions sportives…*

**4 Les acteurs** portent des masques qui représentent l'expression de leur personnage.

**infos chiffrées**

**3**, c'est le nombre de bains quotidiens pour un Grec.

**10** m, ce serait le record de saut en longueur, jamais égalé depuis, réalisé par l'athlète Kyonis au 7e siècle.

**330 000**, c'est le nombre d'habitants à Athènes au 5e siècle.

**18 000** km, c'est la distance parcourue par Alexandre le Grand en 11 ans.

**1 Des architectes** bâtissent des temples aux proportions parfaites pour honorer les dieux.

*Le plus grand temple grec :* ***le Parthénon,*** *à Athènes.*

**2** Les Grecs sont imbattables en **géométrie** et en **calcul.** Ils savent même mesurer le tour de la Terre.

*De brillants savants :* ***Thalès, Pythagore, Archimède.***

**3 Des poètes** écrivent de superbes récits mythologiques, qui mêlent réalité et légende. Ils inventent le théâtre comique et tragique.

*Un magnifique récit :* ***L'Iliade, d'Homère.***

**5 Des philosoph[es]** cherchent des réponses aux grandes questions que les hommes se posent.

*Des philosophes célèbres :* ***Socrat[e], Platon, Aristote, Épicure.***

**La poupée** articulée d'un enfant grec.

**Une pièce de monnaie.**

**Ulysse,** héros de l'*Iliade* et de l'*Odyssée*, peint sur un vase.

## Les colonies grecques

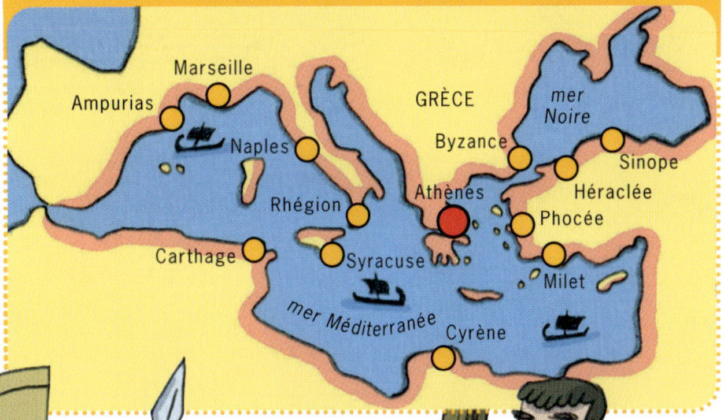

8 Les Grecs croient en **des dieux** qui sont à l'image des hommes.

*La déesse de la guerre :* ***Athéna.***

9 Grâce à un entraînement difficile, les soldats grecs deviennent **des guerriers redoutables.**

*De célèbres soldats :* ***les Spartiates,*** *de la cité de Sparte.*

10 Les Grecs font de **la médecine** une véritable science.

*Un célèbre médecin :* ***Hippocrate.***

11 Pour mieux connaître les événements, **des historiens** voyagent et recueillent des témoignages.

*Le premier historien :* ***Hérodote.***

12 Les Grecs sont **de grands marins.** Ils naviguent très loin et installent des colonies tout autour de la Méditerranée.

*Un grand port :* ***Le Pirée,*** *à Athènes.*

6 Les Grecs inventent **la démocratie.** Ils sont les premiers à voter des lois et à élire leurs gouvernants.

*Un grand homme politique et brillant orateur :* ***Périclès.***

7 **Des sculpteurs** réalisent des œuvres d'une très grande beauté.

*Un sculpteur talentueux :* ***Phidias.***

**Les jeux Olympiques** ont lieu en l'honneur de Zeus, le roi des dieux, tous les quatre ans à Olympie. Pendant leur durée, toutes les cités arrêtent de se faire la guerre. Sur la piste du stade se déroulent la course à pied, le pugilat (la boxe), le saut, la lutte, le lancer du disque et du javelot. La course de chars se déroule sur l'hippodrome. Les vainqueurs reçoivent une simple couronne d'olivier, mais leur gloire rayonne dans toute la Grèce.

# Rome

*En Italie, Rome, un petit village de bergers, devient en quelques siècles la capitale du plus vaste empire de l'Antiquité. La civilisation romaine a duré dix siècles et ses traces demeurent encore dans toute l'Europe.*

**Selon la légende,** c'est en 753 avant Jésus-Christ que deux frères, Romulus et Rémus, fondent le village de Rome. Ils sont abandonnés à leur naissance dans un berceau, mais une louve les sauve en les allaitant. Durant deux siècles, Rome, gouvernée par des rois, commence à se développer. En – 509, c'est la révolution : les rois sont chassés, Rome devient une République où le pouvoir appartient au peuple.

Rome est la capitale d'**un vaste territoire** où vivent 70 millions de personnes. On y circule facilement grâce aux routes construites par les soldats et les esclaves.

**Les Romains** sont invincibles ! Leur secret, c'est leur armée. Alors que les adversaires de Rome utilisent surtout des mercenaires*, l'armée romaine est composée de citoyens qui se battent pour défendre leur patrie. Chaque légion compte 6 000 hommes et tous les citoyens de 17 à 45 ans doivent y servir. Les légionnaires sont soumis à une discipline de fer. Grâce à cette organisation, les conquêtes sont rapides.

**Un immense empire** se constitue, couvrant tout le bassin méditerranéen et l'Asie Mineure. Jules César, le général romain le plus célèbre, conquiert la grande Gaule. Son neveu devient le premier empereur romain : Auguste. Les frontières de Rome s'étendent bientôt de l'Écosse à l'Arabie. Pendant plus de deux siècles, l'empire connaît une paix et une prospérité exceptionnelles. Mais au 5e siècle, les Barbares venus de l'est pénètrent à l'intérieur des territoires romains.

* Soldats qui s'engagent dans n'importe quelle armée en échange d'un salaire.

476

**L'Empire romain d'Occident s'écroule,** vaincu par les assauts des envahisseurs germaniques.

732

**Charles Martel** est le chef des Francs, un des plus puissants peuples germaniques. Il est installé en Gaule. À Poitiers, il bat les Arabes et arrête leur avancée en Europe.

800

**En l'an 800, Charlemagne** se fait couronner empereur chrétien par le pape à Rome. Mais à sa mort, en 814, son empire se disloque.

840

**Les Vikings** débarquent des lointains pays du Nord. On les appelle aussi les Normands. Ces marins intrépides pillent, brûlent et répandent partout la terreur.

1066

**Guillaume, duc de Normandie,** traverse la Manche et attaque les Anglais. Il devient roi d'Angleterre, où il impose sa langue et ses lois.

# Le Moyen Âge

*La période que nous appelons « Moyen Âge » dure mille ans. Elle commence à la fin de l'Empire romain, au 5e siècle, et se termine avec la découverte de l'Amérique, au 15e siècle.*

**Les chevaliers** combattent à cheval, protégés par une lourde armure.

## C'est une époque violente.

Les guerres et les invasions sont nombreuses. Il n'existe pas de pouvoir puissant, central et organisé. Autour de son château fort, chaque seigneur défend son territoire. C'est le régime féodal. Ce n'est qu'à partir du 12e siècle que l'ordre apparaît et que de grands rois, comme Philippe Auguste, Saint Louis et Philippe le Bel, imposent leur autorité.

**Seule l'Église chrétienne** impose un pouvoir fort et stable durant ces siècles troublés. Après la fin de l'Empire romain, les habitants de l'Europe se sont peu à peu convertis au christianisme. Le chef de l'Église est le pape. Il commande l'ensemble des prêtres et des évêques chargés de guider et d'encadrer les croyants. La vie quotidienne de chacun est centrée sur la religion. Au fil de la journée, les cloches des églises indiquent l'heure des prières et de nombreuses fêtes religieuses rythment l'année.

Comme les images d'un livre, **les vitraux des cathédrales** racontent aux gens l'histoire religieuse.

**12e siècle**

De très grandes et hautes églises sont construites. Ce sont **les premières cathédrales.**

**1271-1291**

**Le grand voyageur Marco Polo** entreprend une longue traversée de l'Asie. Il va jusqu'en Chine. Il rapporte en Europe des produits inconnus : poivre, cannelle, thé, porcelaine…

**1337-1453**

Le roi d'Angleterre entre en guerre contre la France. Le plus long conflit du Moyen Âge commence, **la guerre de Cent Ans.**

**1096-1270**

Les musulmans turcs s'opposent aux pèlerinages chrétiens à Jérusalem. Le pape demande aux chrétiens de libérer les lieux saints : **la première croisade est lancée.**

**1338-1351**

**Une terrible épidémie de peste** tue un tiers de la population en Europe et en Asie.

**1429**

**Jeanne d'Arc** prend la tête de l'armée française et chasse les Anglais d'Orléans.

# La vie au Moyen Âge

*Au Moyen Âge, la société est partagée en trois groupes : ceux qui prient (les prêtres et les moines), ceux qui combattent (les seigneurs) et ceux qui travaillent (les paysans et les habitants des bourgs, appelés bourgeois).*

À partir du 11e siècle, **la fin des invasions** facilite les échanges de marchandises, car les routes sont moins dangereuses. Grâce au commerce qui se développe, les villes deviennent plus grandes et plus riches.

**Les rues** des villes sont étroites et sales, sans pavés ni égouts. Les maladies se propagent très vite dans les eaux croupies. Les épidémies de peste tuent des millions de personnes.

**Les jours de marché,** des paysans des environs viennent en ville vendre leurs produits.

**Le monastère** abrite une communauté de moines. Ils prient pour le salut des hommes et travaillent sur leur domaine : travaux des champs, entretien du potager, soin des bêtes, accueil des pèlerins...
**Le château fort** du seigneur résiste aux assauts des ennemis. Du haut de ses murailles, quelques centaines de gardes peuvent tenir en échec toute une armée.
**Les paysans** cultivent les terres du seigneur. Ils lui donnent près de la moitié de leur récolte et travaillent gratuitement plusieurs jours par semaine au château : c'est ce qu'on appelle la corvée.
**Le seigneur** règne en maître absolu sur ses terres. Mais il a le devoir d'assurer la protection et la sécurité des paysans de son domaine.

# La Renaissance

*La Renaissance est une période de grand épanouissement des arts et des savoirs. Elle naît dans les villes italiennes au 15e siècle.*

**chrono**

**1455**
Gutenberg invente l'imprimerie.

**1508**
Michel-Ange décore les voûtes de la chapelle Sixtine à Rome.

**1515**
Après sa victoire à Marignan, en Italie, François Ier fait venir des artistes italiens en France.

**1526**
François Ier lance la construction du château de Chambord.

**1543**
Nicolas Copernic découvre que la Terre tourne autour du Soleil.

## À Venise, Florence ou Rome, puis dans toute l'Europe, on se passionne pour les connaissances et les arts de l'Antiquité. Les hommes de la Renaissance veulent aussi développer de nouveaux savoirs. On les appelle des humanistes. Peintres, architectes et écrivains deviennent des personnages reconnus, admirés et protégés des princes. Des artistes comme Michel-Ange ou Léonard de Vinci réalisent des chefs-d'œuvre. Grâce à l'imprimerie, les livres sont plus nombreux et moins chers, la pensée se diffuse mieux dans la société.

tout savoir sur...

### Léonard de Vinci

**Naissance :** en 1452, à Vinci, près de Florence. **Métier :** « génie universel » (peintre, sculpteur, architecte, ingénieur, savant, inventeur). **Adresses :** en Italie (à Florence, Milan et Rome), puis en France (au château d'Amboise, chez François Ier). **Œuvres :** *La Joconde*, des machines volantes, un char d'assaut, etc. **Mort :** en 1519, à Amboise.

## À Florence, vers 1490...

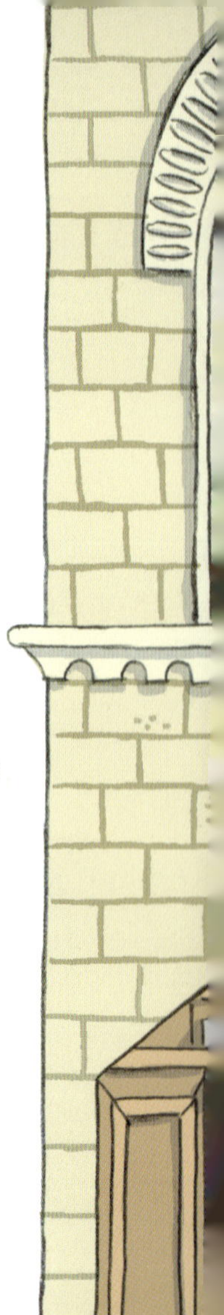

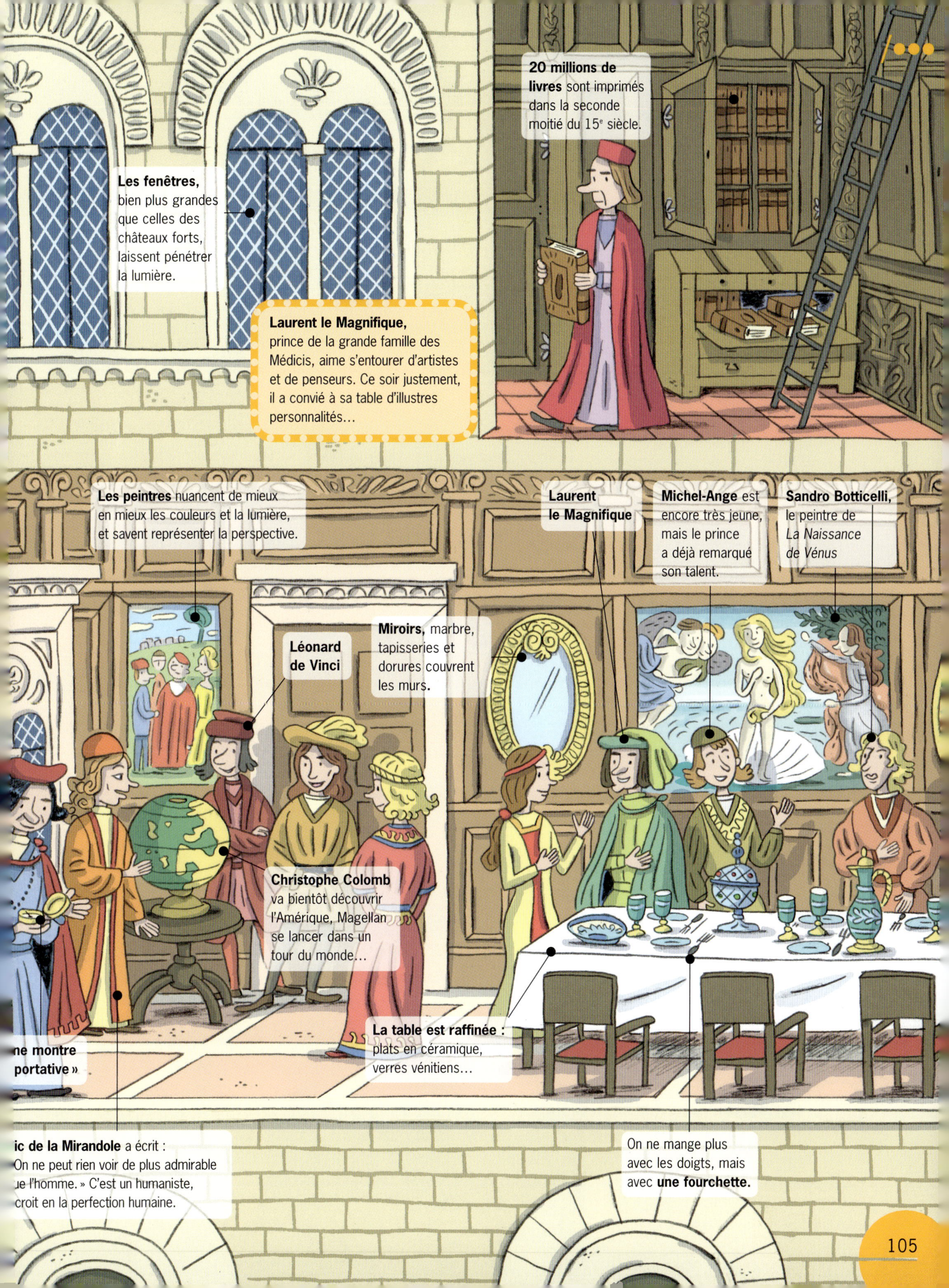

20 millions de livres sont imprimés dans la seconde moitié du 15e siècle.
Les fenêtres, bien plus grandes que celles des châteaux forts, laissent pénétrer la lumière.
Laurent le Magnifique, prince de la grande famille des Médicis, aime s'entourer d'artistes et de penseurs. Ce soir justement, il a convié à sa table d'illustres personnalités…
Les peintres nuancent de mieux en mieux les couleurs et la lumière, et savent représenter la perspective.
Laurent le Magnifique
Michel-Ange est encore très jeune, mais le prince a déjà remarqué son talent.
Sandro Botticelli, le peintre de La Naissance de Vénus
Léonard de Vinci
Miroirs, marbre, tapisseries et dorures couvrent les murs.
Christophe Colomb va bientôt découvrir l'Amérique, Magellan se lancer dans un tour du monde…
ne montre portative »
La table est raffinée : plats en céramique, verres vénitiens…
ic de la Mirandole a écrit : On ne peut rien voir de plus admirable ue l'homme. » C'est un humaniste, croit en la perfection humaine.
On ne mange plus avec les doigts, mais avec une fourchette.

# Les grandes découvertes

*À la fin du 15e siècle, des navigateurs européens partent découvrir le monde. Ils sont prêts à tout pour atteindre l'Asie par la mer. Les rois d'Espagne et du Portugal vont financer leurs expéditions.*

## chrono

**28 octobre 1492**
Parti d'Espagne en août, Christophe Colomb découvre Cuba.

**19 mai 1498**
Parti du Portugal en juillet 1497, Vasco de Gama arrive à Calicut, à l'ouest de l'Inde.

**septembre 1522**
Au bout de trois ans de voyage, arrivée d'une partie de la flotte de Magellan à Séville, après un tour du monde.

**Les Occidentaux** sont fascinés par l'Orient, d'où viennent des marchandises coûteuses qu'ils apprécient beaucoup. Plus de 7 000 km de routes terrestres séparent l'Europe de l'Inde et de la Chine. Pour éviter de faire un tel voyage, les marchands européens achètent souvent à mi-chemin des épices, de la soie et de l'or à des intermédiaires qui le leur vendent très cher. C'est pourquoi il est urgent de trouver de nouvelles routes, par la mer, qui permettraient aux Européens d'atteindre plus rapidement l'Asie.

Christophe Colomb

Caravelle de Christophe Colomb

**Les caravelles**, de nouveaux navires, résistent davantage aux mers déchaînées. C'est un grand **progrès technique**.

Caravelle de Magellan

anecdote

### Christophe Colomb

Il est le premier Occidental à avoir foulé le sol de l'Amérique. Persuadé qu'il a atteint une partie de l'Asie, il meurt sans savoir qu'il a découvert un nouveau continent.

**Les navigateurs** ne manquent ni d'audace ni de courage ! Ce sont les premiers au monde à naviguer sur des routes maritimes où personne jusqu'alors n'a osé s'aventurer. Grâce à leur obstination, les découvertes géographiques sont spectaculaires. En voulant atteindre les Indes par l'ouest, Christophe Colomb découvre l'Amérique. En naviguant vers les Indes par l'est, Vasco de Gama est le premier Européen à contourner le continent africain. Quelques années après, Magellan accomplit le premier tour du monde, prouvant ainsi que la Terre est ronde.

Au 15e siècle, **la boussole** et **l'astrolabe** permettent aux marins de mieux se repérer quand ils sont en pleine mer.

- route de Christophe Colomb
- route de Vasco de Gama
- route de Magellan

Caravelle de
Vasco de Gama

**chrono**

**1638** Naissance de Louis XIV.

**1643** Mort de Louis XIII. Louis XIV, son fils de 5 ans, est le nouveau roi.

**1661** Mort du régent Mazarin. Louis XIV gouverne seul son royaume.

**1701** Les pays européens s'allient contre Louis XIV.

**1715** Mort de Louis XIV.

Louis XIV fait construire **le palais de Versailles.** 30 000 ouvriers travaillent sur le chantier, qui dure 31 ans. Un parc de 8 000 hectares entoure le château.

Le roi accueille une partie de la noblesse au château de Versailles. **4 000 courtisans** l'entourent et rêvent de le servir.

# Louis XIV, le Roi-Soleil

*Au 17e siècle, le roi Louis XIV gouverne la France. Il veut que son pays brille dans le monde entier, à l'image de son emblême, le Soleil.*

**« L'État, c'est moi ! »** affirme Louis XIV. Dès l'âge de 22 ans, il exerce seul son pouvoir et contrôle l'ensemble des affaires du royaume. Il impose une monarchie absolue de droit divin : il pense qu'il est le représentant de Dieu sur Terre, que c'est à lui qu'il doit sa couronne et à lui seul qu'il devra un jour rendre des comptes. Durant son long règne (54 ans), la France devient le pays le plus riche et le plus peuplé d'Europe. Mais l'ambition du roi est sans limites : pour affirmer sa puissance, il mène de longues guerres contre les pays voisins.

anecdote

### Déjeuner-spectacle

Certains jours, le déjeuner du roi est ouvert au public ! Sa Majesté mange devant son peuple, au son des violons et des flûtes. Aux potages et entrées succèdent rôtis et salades, puis les entremets et enfin les fruits. Un cortège de domestiques défile pour servir chaque plat. Mais tout est si bien rodé que le repas ne dure que trois quarts d'heure.

**Molière, Racine, La Fontaine** sont reçus à Versailles. Ils écrivent des chefs-d'œuvre de la littérature. Dans toutes les cours d'Europe, on aime lire et parler la langue française.

Louis XIV développe les industries et lance de grands travaux. **La marine royale** devient la plus puissante du monde.

**De lourds impôts** sont prélevés pour financer les guerres et les dépenses du roi. Le peuple, qui possède à peine de quoi se nourrir, est exaspéré.

**Les guerres de Louis XIV** sont d'abord victorieuses. Mais à la fin du règne, les défaites se multiplient. Le royaume sort épuisé de trente années de conflits.

# La Révolution française

*La Révolution française est comme un grand tremblement de terre dans l'histoire de la France et de l'Europe. La royauté s'écroule. Les principes de liberté et d'égalité s'imposent.*

**chrono**

- **14 juillet 1789** Prise de la Bastille.
- **4 août 1789** Abolition des privilèges.
- **26 août 1789** Déclaration des droits de l'homme et du citoyen.
- **21 septembre 1792** Fin de la monarchie, début de la république.
- **21 janvier 1793** Exécution de Louis XVI.
- **27 juillet 1794** Arrestation et exécution de Robespierre, fin de la Terreur.
- **9 novembre 1799** Coup d'État de Napoléon Bonaparte.

LIBERTÉ ÉGALITÉ FRATERNITÉ

**1789,** il n'y a plus d'argent dans les caisses de l'État. Les paysans, les artisans et les bourgeois en ont assez de payer des impôts, alors que les nobles en sont dispensés. Ils veulent plus de liberté et de justice. La colère qui couvait depuis plusieurs années éclate. C'est la Révolution. Après la lutte de la bourgeoisie contre le roi, c'est celle du peuple, qui vote la fin de la monarchie absolue, puis proclame la république.

**Louis XVI** est un roi faible et hésitant. Il perd la confiance du peuple. En 1792, les révolutionnaires le condamnent à mort.

**La plupart des nobles** défendent la monarchie, car elle préserve leurs privilèges : ils ne payent pas d'impôts, mais prélèvent des taxes, portent l'épée, chassent, etc.

**En 1781,** les Américains se sont libérés de la domination anglaise. Des Français, comme le **marquis de La Fayette**, les ont soutenus. Cette révolution a influencé le peuple français.

**Le drapeau tricolore** est créé en juillet 1789. Il symbolise la nation française.

**Sous la monarchie,** un individu n'a pas les mêmes droits selon le groupe social auquel il appartient. Le pouvoir et les privilèges financiers sont entre les mains de la noblesse et du clergé.

**Voltaire et tous les philosophes** du 18e siècle ont fait naître des idées nouvelles. Ils ont dénoncé les inégalités de la société et réclamé plus de libertés pour les individus.

**Le peuple parisien** s'empare de la prison de la Bastille, marche jusqu'au château de Versailles pour manifester sa colère auprès du roi et de la reine. Dans les provinces, les paysans s'attaquent aux châteaux des seigneurs.

**Durant la Terreur,** le député Robespierre fait guillotiner tous ceux qui ne pensent pas comme lui, même certains de ses anciens alliés révolutionnaires !

**La Déclaration des droits de l'homme et du citoyen** est votée en août 1789. Tous les Français deviennent libres et égaux devant la loi…

**L'armée révolutionnaire** se bat contre les royautés européennes qui veulent maintenir la monarchie en France. D'excellents généraux la commandent, comme le général Napoléon Bonaparte.

**En 1799, Bonaparte** s'empare du pouvoir par un coup d'État. C'est la fin de la Révolution. Bonaparte veut devenir le maître de l'Europe. En 1804, il se fait sacrer empereur sous le nom de Napoléon Ier.

**Les bourgeois** (marchands, banquiers, avocats…) dirigent l'économie du royaume. Ils veulent aussi gouverner l'État. Parmi eux se trouvent tous les grands révolutionnaires : Danton, Marat, Desmoulins…

**De nouveaux journaux** diffusent les idées de la Révolution.

# La révolution industrielle

*Au 19^e siècle, les progrès techniques entraînent le développement des transports, des industries et des villes. Ces changements transforment la vie des hommes.*

## Un siècle d'inventions

**1769** James Watt invente la machine à vapeur.

James Watt

**1800** Invention de la locomotive.

**1819** Invention du bateau à vapeur.

**1827** Nicéphore Niépce invente la photographie.

N. Niépce

**1871** Invention de l'électricité.

**1876** Graham Bell invente le téléphone.

Graham Bell

**1877** Invention du phonographe.

**1879** Thomas Edison invente l'ampoule électrique.

Thomas Edison

**1885** Louis Pasteur invente le vaccin contre la rage.

**1886** Invention du moteur à essence.

**1895** Les frères Lumière inventent le cinéma.

Louis Pasteur

**1897** Premier vol d'un avion à moteur.

**La machine à vapeur** est l'invention la plus importante de la révolution industrielle. Elle fait fonctionner les machines dans les usines, les locomotives, les bateaux à vapeur. Durant des siècles, la marche à pied ou à cheval fut l'unique façon de se déplacer. Les nouveaux moyens de transport permettent de voyager plus vite, les distances semblent raccourcir !

**Les riches bourgeois** (banquiers, patrons d'industrie…) possèdent les immeubles modernes des centres-villes.

**Les gens des campagnes** affluent en ville. À Liverpool par exemple, la population est multipliée par 5 en 50 ans !

Après les voitures à vapeur apparaissent **les voitures à essen**

**Les nouvelles industries** emploient un grand nombre d'ouvriers. Beaucoup sont d'anciens paysans ou artisans qui n'avaient plus de travail. Ils ont quitté la campagne où ils habitaient pour s'installer en ville, près des usines et des mines. La population des villes augmente. Plus d'un million de personnes habitent désormais à Londres et à Paris.

Les folles transformations du 19e siècle font imaginer à l'écrivain **Jules Verne** des machines encore plus extraordinaires.

### Pourquoi les enfants étaient-ils obligés de travailler ?

Les salaires des ouvriers étaient si maigres qu'ils ne suffisaient pas à faire vivre une famille. Les parents n'avaient d'autre solution que de faire travailler leurs propres enfants pour éviter de mourir de faim ! Dès l'âge de 6 ou 7 ans, filles et garçons étaient employés dans les usines ou dans les mines jusqu'à 12 heures, voire 14 heures par jour.

# La Première Guerre mondiale

**chrono**

- **1er août 1914** Mobilisation générale en France et en Allemagne.
- **3 août 1914** Déclaration de guerre de l'Allemagne à la France.
- **février-décembre 1916** 500 000 hommes meurent à la bataille de Verdun.
- **2 avril 1917** Entrée en guerre des États-Unis.
- **11 novembre 1918** Fin de la guerre. Les combats ont fait 10 millions de morts et des millions de blessés.

*En 1914, les rivalités entre les pays européens aboutissent à une guerre d'une ampleur jamais connue dans les siècles passés.*

On se bat sur terre, sur mer et, pour la première fois, dans les airs. Des avions permettent de lâcher des bombes sur les ennemis. Des armes redoutables apparaissent : des gaz empoisonnés, des chars d'assaut, des mitrailleuses... Mais aucun camp ne parvient à dominer l'autre. Les fronts s'immobilisent et les combattants s'enterrent dans des tranchées entourées de fils barbelés. Leurs souffrances sont atroces. Chaque assaut est inutile, faisant des centaines de morts et de blessés.

**Marseille, samedi 1er août 1914.** C'est la mobilisation générale et le départ pour le front. Sur le quai, Angèle et Jean se disent au revoir. Ils ont le cœur serré. Mais Jean est optimiste, il pense que la guerre sera courte et qu'il sera de retour avant Noël.

**Verdun, 10 mars 1916.** Deux ans déjà que Jean vit sous les obus, dans la boue et le froid. Entre deux combats, il écrit à Angèle pour apaiser son angoisse. Mais sans dire toute l'horreur qui l'entoure.

anecdote

## Les totos, les gaspards, les Boches et les poilus

Pendant la guerre, les gens emploient de drôles de mots. **Les poilus** sont les soldats, dont les joues sont toutes poilues, faute d'être rasées. **Les Boches** sont les Allemands, du nom d'une ancienne tribu germanique, les Alboches. Les jeunes soldats sont appelés **les bleus** car, autrefois, ils arrivaient sur le front dans leur blouse bleue de travail. **Les totos** sont les poux et **les gaspards** les rats qui infestent les tranchées.

Les mitraillettes et les canons pétaradent – signe, pour Jean et ses compagnons, que l'assaut est imminent. Le commandant ordonne la charge. Armés de baïonnettes, les soldats sortent des fossés et s'élancent vers les positions adverses sous une pluie de balles.

**5 avril 1916.** Dans le village de Jean, la vie continue quand même. Avec les autres femmes, Angèle fait le travail des hommes partis au front. Aujourd'hui, des nouvelles arrivent enfin ! Jean a écrit, Jean est vivant ! Mais trois semaines déjà que sa lettre est partie. « Comment va-t-il depuis ? » s'inquiète Angèle…

**11 novembre 1920.** Sur la place du village, un nouveau monument rend hommage à tous ceux qui, comme Jean, ne sont pas revenus du front.

# La Seconde Guerre mondiale

*1939 : de nouveau, la guerre déchire le monde. C'est l'un des pires moments de l'histoire de l'humanité. Les camps de concentration, les bombardements, l'arme atomique font des millions de victimes.*

**Adolphe Hitler,** le chef du parti nazi et le dirigeant de l'Allemagne, veut que son pays soit le plus puissant du monde. Il pense que les Allemands sont issus d'une race supérieure et que cela les autorise à dominer les autres peuples. De telles idées entraînent son pays dans la dictature et le monde dans la guerre. En 1939, l'armée allemande envahit plusieurs pays européens. En Europe, l'Angleterre résiste seule à Hitler.

**1933** Hitler est élu chef de l'État allemand.

**1er septembre 1939** L'armée allemande envahit la Pologne : la guerre commence.

**22 juin 1940** L'État français capitule face à l'Allemagne.

**18 juin 1940** De Londres, le général de Gaulle appelle les Français à résister contre l'Allemagne.

**2 février 1943** L'Allemagne est battue à Stalingrad en Russie : c'est sa première défaite.

**1943** En Europe, les résistants s'organisent et commettent des attentats contre les Allemands.

**1944** Les Anglais, les Américains et les compagnons de de Gaulle débarquent en Normandie pour libérer la France.

**8 mai 1945** L'Allemagne capitule. À Yalta, les dirigeants des pays vainqueurs décident de l'avenir du monde.

**L'armée du débarquement allié** libère progressivement la France, puis toute l'Europe de l'Ouest, de l'occupation allemande.

En avril 1945, **Berlin,** capitale de l'Allemagne, est encerclée par les Russes et les Américains. Le 30 avril, Hitler se suicide dans son *bunker.*

En août 1944, les Alliés ont débarqué à Paris. Dans les rues, les soldats américains ont remplacé les soldats allemands. Les gens sont heureux de vivre de nouveau **dans un pays libre.**

**En 1941,** les Américains et les Russes entrent dans la guerre pour combattre l'Allemagne. Quelques mois plus tard, le Japon, allié de l'Allemagne, attaque les États-Unis dans l'océan Pacifique. La guerre devient mondiale : on se bat sur une grande partie de la planète. Les bombardements aériens détruisent des villes entières et tuent beaucoup de leurs habitants. Durant les six années de conflit, 52 millions de personnes meurent. C'est la guerre la plus meurtrière de l'histoire.

tout savoir sur...

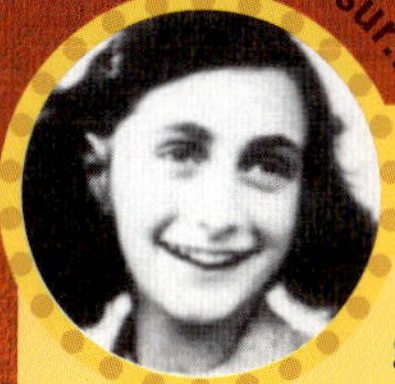

## Anne Frank

**Sa naissance :** le 12 juin 1929, en Allemagne. **Sa vie :** Anne est d'origine juive. Elle vit en Hollande, où ses parents se sont installés après avoir fui l'Allemagne d'Hitler. Quand les Allemands envahissent la Hollande, Anne et sa famille décident de se cacher dans un grenier. Pendant deux ans, l'adolescente écrit son journal. Elle raconte sa vie, ses peurs, ses rêves, ses joies aussi. Son récit s'achève le 1er août 1944. Trois jours plus tard, elle est arrêtée et déportée vers les camps de concentration.
**Sa mort :** en mars 1945, dans le camp de Bergen-Belsen.

**En 1945, le monde est en ruine.** L'Europe est libérée de l'occupation allemande, mais les combats continuent entre Américains et Japonais. Et cette année-là, l'humanité est confrontée à deux grands traumatismes : la découverte des camps de la mort et l'utilisation d'une arme redoutable, la bombe atomique.

**L'Europe de l'Est est dévastée.** Des villes entières sont détruites et les pertes humaines sont effroyables. La Russie a perdu le 10e de sa population. Un quart des Polonais ont péri durant les bombardements, les persécutions, la famine, les combats…

En août 1945, les Américains lancent **les premières bombes atomiques** sur les villes japonaises d'Hiroshima, puis de Nagasaki. 100 000 personnes meurent et des milliers d'autres sont contaminées par les radiations.

Les Russes libèrent l'Europe de l'Est. Ils y découvrent **l'horreur des camps de concentration.**

**Les nazis ont assassiné des millions de personnes,** parce qu'ils s'opposaient à leurs idées ou appartenaient à une race qu'ils jugeaient inférieure. Les Juifs ont été leurs premières victimes. 6 millions d'entre eux ont été emprisonnés, torturés et asphyxiés dans des chambres à gaz.

# Le monde depuis 1945

*Après avoir déclenché deux guerres mondiales, l'Europe décide de s'unir dans une communauté européenne. D'incroyables avancées scientifiques sont aussi accomplies dans la seconde moitié du 20e siècle. Mais c'est également le temps des dictatures et de nouveaux massacres.*

## 1947

Les pays colonisés se libèrent peu à peu de la domination des pays européens. Grâce à **la résistance non violente de Gandhi** face à la Grande-Bretagne, l'Inde acquiert son indépendance.

## 1948

Le 14 mai, le Conseil national juif proclame **l'indépendance d'Israël.** Le lendemain, les troupes arabes pénètrent en Palestine. **La première guerre israélo-arabe** commence.

## 1949

L'armée révolutionnaire de **Mao Tsé-Toung** entre triomphalement dans Pékin, la capitale de la Chine. Mao proclame la République popula chinoise : la Chine devient communiste.

## 1957

L'Allemagne, la France, l'Italie, la Belgique, les Pays-Bas et le Luxembourg signent le traité de Rome. **La Communauté économique européenne (CEE)** est née !

## 1961

La fusée soviétique Vostok I quitte la base de lancement de Baïkonour en emportant **le premier homme dans l'espace,** le cosmonaute Youri Gagarine.

## 1969

**On a marché sur la Lune !**
Son premier visiteur, l'astronaute américain Neil Armstrong, débarque dans une région appelée la mer de la Tranquillité.

## 1973

Durant la quatrième guerre israélo-arabe, les pays arabes de l'Organisation des pays exportateurs de pétrole décident d'augmenter très fortement le prix du pétrole.
Cela provoque **une grave crise économique.**
C'est le premier choc pétrolier.

## 1979

**Une révolution islamique** éclate en Iran. Le Shah (l'empereur d'Iran) doit s'enfuir. Les révolutionnaires rappellent de son exil leur chef religieux, l'ayatollah Khomeyni. Partout dans le monde musulman, des mouvements islamistes se développent.

## 1989

Grâce à Gorbatchev, le chef d'État de l'URSS, les choses bougent en Europe de l'Est.
La chute du mur de Berlin permet, en 1990, la réunification de l'Allemagne et provoque **la fin de la guerre froide et des régimes communistes.**

## 1990

**L'Irak de Sadam Hussein** envahit le Koweit.
Les États-Unis, présidés par George Bush, et les États européens déclarent la guerre à l'Irak.

## 2001

Deux avions heurtent **les tours du World Trade Center de New York.** C'est un attentat organisé par le chef terroriste Ben Laden. En 2003, prétendant répondre à cette agression, le président américain George Bush Junior déclare une nouvelle guerre à l'Irak.

## 2008

Le 4 novembre 2008, **Barack Obama**, démocrate, est élu président des États-Unis. Il succède à George W. Bush. Pour la première fois dans l'histoire américaine, un Afro-Américain accède à la présidence du pays.

# Le monde d'aujourd'hui

# Un monde bien peuplé !

*Avec ses 7,4 milliards d'habitants, notre planète n'a jamais été aussi peuplée.*

## Le peuplement de la planète

n'a pas été uniforme. Pour pouvoir cultiver la terre, les hommes ont préféré s'installer dans des régions à climat tempéré, dans les plaines, au bord des mers ou des rivières. Ils ont souvent fui les déserts, les hautes altitudes ou les régions trop chaudes ou trop froides. Des populations nomades vivent cependant dans les déserts.

**Une Colombienne** a, en moyenne, deux ou trois enfants au cours de sa vie. Elle peut espérer vivre jusqu'à 75 ans.

**Une Française** a, en moyenne, deux enfants au cours de sa vie. Elle peut espérer vivre jusqu'à 84 ans.

## Le nombre d'habitants sur la Terre

a été multiplié par quatre au cours des cent dernières années. Et ce n'est pas fini : chaque seconde, on compte trois habitants de plus sur notre planète. C'est dans les pays pauvres d'Asie et d'Afrique que la population s'accroît le plus vite. Les femmes de ces pays ont plus d'enfants que celles des pays riches d'Europe ou d'Amérique du Nord.

Un homme sur six vit **en Inde** aujourd'hui.

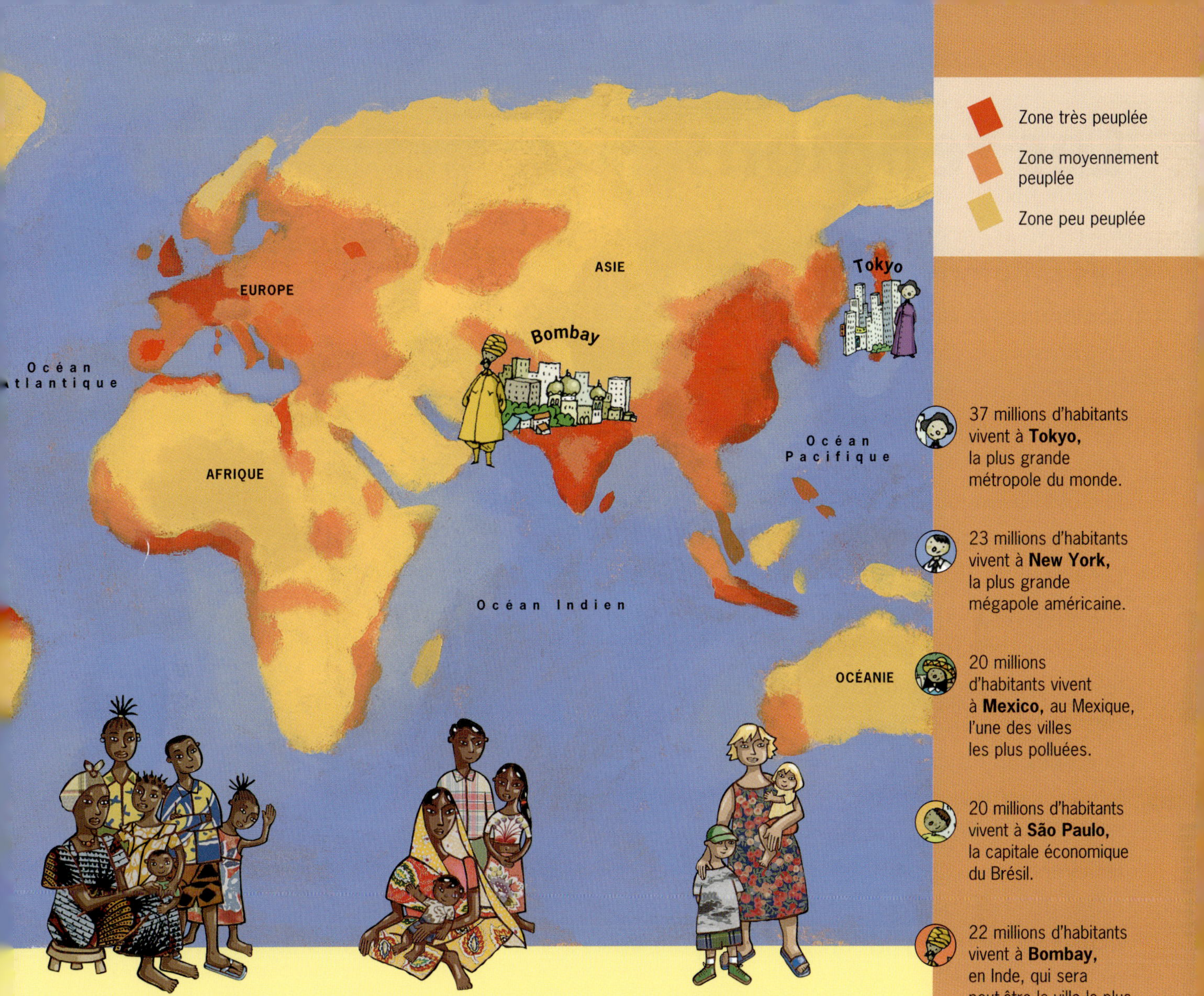


37 millions d'habitants vivent à **Tokyo,** la plus grande métropole du monde.

23 millions d'habitants vivent à **New York,** la plus grande mégapole américaine.

20 millions d'habitants vivent à **Mexico,** au Mexique, l'une des villes les plus polluées.

20 millions d'habitants vivent à **São Paulo,** la capitale économique du Brésil.

22 millions d'habitants vivent à **Bombay,** en Inde, qui sera peut-être la ville la plus peuplée dans vingt ans.

**Une Tchadienne** a, en moyenne, six ou sept enfants au cours de sa vie. Elle peut espérer vivre jusqu'à 48 ans.

**Une Indienne** a, en moyenne, trois enfants au cours de sa vie. Elle peut espérer vivre jusqu'à 63 ans.

**Une Australienne** a, en moyenne, un ou deux enfants au cours de sa vie. Elle peut espérer vivre jusqu'à 83 ans.

**Partout, la grande ville** attire les habitants des campagnes. Aujourd'hui, plus d'un homme sur deux vit dans une ville et on compte 435 villes de plus de 1 million d'habitants à travers le monde. Il n'y en avait que 16 en 1900. Quelques-unes de ces cités, comme Tokyo (Japon) ou São Paulo (Brésil), se déploient sur plusieurs dizaines de kilomètres, prolongées par d'interminables banlieues. Ces villes qui ne cessent de grandir sont appelées « mégapoles ».

# Les religions

*Elles tentent d'apporter aux hommes des réponses aux grandes questions de l'existence et les accompagnent dans leur vie quotidienne.*

Les religions sont nombreuses et variées. Le judaïsme, le christianisme ou l'islam sont monothéistes : les croyants y vénèrent un seul dieu. L'hindouisme, fondé sur la croyance en plusieurs dieux, est une religion polythéiste. Les animistes croient que la nature est peuplée d'esprits. Et les bouddhistes suivent les règles du sage Bouddha. Des rites religieux rythment la vie des hommes depuis la naissance jusqu'à la mort. Des fêtes commémorent les événements de l'histoire religieuse, comme Noël qui rappelle la naissance du Christ.

Le baptême est le sacrement qui fait entrer le nouveau-né dans la communauté **des chrétiens.** Dans l'église, en présence des parrains, le prêtre verse de l'eau sur la tête du bébé en disant : « Je te baptise au nom du Père, du Fils et du Saint-Esprit. »

Dans **la religion juive,** la cérémonie du mariage a lieu dans une synagogue. Sous le dais, la houpa, le fiancé offre l'anneau d'alliance à sa future femme. Le rabbin peut alors lire la ketouba, le contrat de mariage.

# Les langues

*On compte aujourd'hui près de 5 000 langues dans le monde. Comme elles sont vivantes, elles ne sont ni figées… ni immortelles.*

« Bonjour » en espagnol. **L'espagnol** est parlé par 390 millions d'hommes dans 20 pays dont l'Espagne et la plupart des pays d'Amérique du Sud.

Autrefois, les hommes vivaient sur des terres plus petites et plus autonomes qui avaient toutes leur propre langue. Les moyens de communication et de transport se sont développés, permettant aux langues de se rencontrer et de s'influencer. Certaines en ont dominé d'autres. Aujourd'hui encore, des langues meurent, tandis que d'autres, comme l'anglais, étendent leur influence.

« Au revoir » en hindi. **L'hindi** est parlé par 480 millions d'hommes, surtout en Inde.

Dans **les religions animistes** d'Afrique, les jeunes garçons passent plusieurs semaines loin de leur village. Là, sous la direction d'un prêtre masqué, ils sont soumis à des épreuves qui les préparent à l'âge adulte. C'est un rite d'initiation.

Le soir de la pleine lune de mai, **les bouddhistes** célèbrent la fête de Vesak, qui commémore la naissance et la mort du Bouddha. Ils déambulent dans le temple en tenant à la main une bougie, de l'encens et une fleur de lotus.

Chaque année, l 'Aïd al-Fitr célèbre la fin du ramadan, un mois de jeûne pendant lequel **les musulmans** ne doivent pas manger entre le lever et le coucher du soleil. Après une prière à la mosquée, un grand repas est organisé et l'on s'offre des cadeaux.

En Inde, chez **les hindouistes,** la cérémonie funéraire se déroule près du Gange, un fleuve sacré. Le mort, recouvert d'un voile, est porté jusqu'à la rive du fleuve. Son corps est brûlé sur un bûcher et ses cendres jetées dans l'eau.

« Votre attention, s'il vous plaît ! » en anglais. **L'anglais** est parlé par 510 millions d'hommes dans 45 pays. Il est aussi utilisé par les commerçants, savants, voyageurs qui ne parlent pas la même langue.

« Excusez-moi » en russe. **Le russe** est parlé par 280 millions d'hommes, surtout en Russie.

« S'il vous plaît » en chinois. **Le chinois, ou mandarin,** est parlé par 1,1 milliard d'hommes dans 3 pays dont la Chine.

# L'Europe

*Ce n'est pas un vrai continent, mais la partie ouest de l'immense continent eurasiatique. À l'est,elle est séparée de l'Asie par la chaîne des montagnes de l'Oural.*

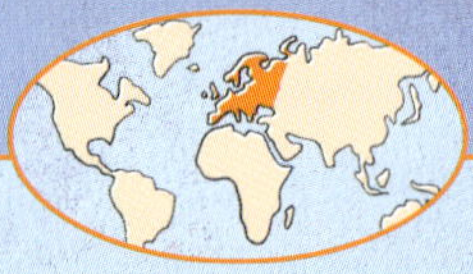

**Superficie :** 10,4 millions de km$^2$

**Population :** 743 millions d'habitants

**Pays le plus grand :** fédération de Russie (partie européenne)

**Montagne la plus haute :** Mont Elbrouz, 5 633 m

**Fleuve le plus long :** Volga, 3 690 km

Les réserves de pétrole sont rares en Europe, sauf en mer du Nord où l'on a construit **des plates-formes pour extraire « l'or noir ».**

Quatre Européens sur cinq habitent en ville. Mais la vie traditionnelle existe toujours, comme le montre **cette scène de pêche portugaise.**

**Le carnaval de Notting Hill, à Londres** (Royaume-Uni), a été créé par les immigrés des Caraïbes. Noirs et Blancs défilent ensemble : l'image d'un continent métissé.

## L'Europe est attrayante.

Un climat presque partout tempéré, de nombreux cours d'eau, des terres fertiles et des richesses naturelles ont su séduire et retenir sa population. C'est pourquoi on trouve peu de terres inhabitées, sauf dans l'extrême nord, car il y fait très froid. Partout ailleurs, les habitants sont très concentrés sur le territoire. Ils sont, pour la plupart, chrétiens et parlent des langues latines, slaves ou germaniques.

- Toundra
- Prairie
- Forêt boréale
- Zone tempérée
- Zone méditerranéenne

Les premières usines sont nées en Europe du Nord-Ouest au 19e siècle. Aujourd'hui, **l'industrie automobile allemande** occupe une bonne place sur le marché mondial.

L'Ukraine a été surnommée le « grenier à blé » de l'Europe. Sa production s'est ralentie, mais **le blé** reste le symbole de l'alimentation européenne.

**Aujourd'hui,** les Européens sont surtout citadins et peu d'entre eux travaillent encore la terre. Les grandes et riches villes d'Europe de l'Ouest comme Londres, Paris ou Berlin attirent des travailleurs immigrés venus du sud, de l'est ou d'autres continents. Si les frontières ne sont pas infranchissables, elles ne sont pas non plus définitives : treize nouveaux pays se sont créés en Europe de l'Est depuis 1990.

Paris, Londres, la Côte d'Azur ou, comme ici, **Venise :** l'Europe rassemble quelques-unes des plus grandes destinations touristiques.

# L'Union européenne

**Sur le drapeau de l'UE** choisi en 1986, 12 étoiles sont disposées en cercle pour symboliser l'union des États membres.

*L'Union européenne (ou UE), qui rassemble 28 pays et 500 millions d'habitants, est une puissance économique qui rivalise avec celle des États-Unis.*

## Les 27 États membres et leur date d'entrée dans l'UE

**FRANCE – 1957**
66 millions d'habitants
**Capitale :** Paris
**Langue principale :** français
**Superficie :** 551 500 km²
MONNAIE

**ALLEMAGNE – 1957**
82,2 millions d'habitants
**Capitale :** Berlin
**Langue principale :** allemand
**Superficie :** 357 030 km²
MONNAIE

**ITALIE – 1957**
59,6 millions d'habitants
**Capitale :** Rome
**Langue principale :** italien
**Superficie :** 301 340 km²
MONNAIE

**LUXEMBOURG – 1957**
484 milliers d'habitants
**Capitale :** Luxembourg
**Langues principales :** français, luxembourgeois
**Superficie :** 2 586 km²
MONNAIE

Six pays européens créaient, en 1957, douze ans après la fin de la Seconde Guerre mondiale, la Communauté économique européenne (CEE). Leur objectif était de maintenir la paix en favorisant le commerce entre ces pays. Aujourd'hui, les marchandises circulent librement sur le territoire des États membres, sans être soumises à des taxes douanières aux frontières. Les citoyens de l'Union européenne (le nouveau nom de la CEE depuis 1992) circulent tout aussi librement et peuvent même s'installer et travailler dans le pays de leur choix.

Aujourd'hui, **on paye en euro dans tous les pays de la zone euro :** Allemagne, Autriche, Belgique, Espagne, Finlande, France, Grèce, Irlande, Italie, Luxembourg, Pays-Bas, Portugal, Slovénie.

**BELGIQUE – 1957**
10,7 millions d'habitants
**Capitale :** Bruxelles
**Langues principales :** flamand, français
**Superficie :** 30 500 km²
MONNAIE

**IRLANDE – 1973**
4,4 millions d'habitants
**Capitale :** Dublin
**Langue principale :** anglais
**Superficie :** 70 270 km²
MONNAIE

**ROYAUME-UNI – 1973**
61,2 millions d'habitants
**Capitale :** Londres
**Langue principale :** anglais
**Superficie :** 242 910 km²
MONNAIE : Livre sterling

**PORTUGAL – 1986**
10,6 millions d'habitants
**Capitale :** Lisbonne
**Langue principale :** portugais
**Superficie :** 91 980 km²
MONNAIE

**PAYS-BAS – 1957**
16,4 millions d'habitants
**Capitale :** Amsterdam
**Langue principale :** néerlandais
**Superficie :** 41 530 km²
MONNAIE

**DANEMARK – 1973**
5,4 millions d'habitants
**Capitale :** Copenhague
**Langue principale :** danois
**Superficie :** 43 090 km²
MONNAIE : Couronne danoise

**GRÈCE – 1981**
11,2 millions d'habitants
**Capitale :** Athènes
**Langue principale :** grec moderne
**Superficie :** 131 960 km²
MONNAIE

**ESPAGNE – 1986**
45,2 millions d'habitants
**Capitale :** Madrid
**Langue principale :** espagnol
**Superficie :** 505 990 km²
MONNAIE

À l'exception du Royaume-Uni, tous les pays entrés dans l'Union européenne avant 2004 font partie de **l'espace Schengen. À l'intérieur de ce domaine, il n'y a plus de contrôles aux frontières :** les citoyens circulent librement d'un pays à l'autre. De plus, les pays de l'espace Schengen coopèrent pour obtenir une meilleure sécurité sur l'ensemble de ce territoire.

# L'Union européenne

a une place de plus en plus importante dans la vie politique et économique des États membres. Après le « marché commun » sont venus un parlement commun, une cour de Justice commune, puis une monnaie commune, l'euro. Les pays de l'Union sont de plus en plus interdépendants. Ainsi, il devient aujourd'hui réellement difficile pour l'un des pays de l'Union de prendre des décisions contre l'avis des autres.

**SLOVAQUIE** 2004
5,4 millions d'habitants
**Capitale :** Bratislava
**Langue principale :** slovaque
**Superficie :** 49 010 km²
MONNAIE : Couronne slovaque

**HONGRIE** 2004
10 millions d'habitants
**Capitale :** Budapest
**Langue principale :** hongrois
**Superficie :** 93 877 km²
MONNAIE : Forint

**CROATIE** 2003
4,2 millions d'habitants
**Capitale :** Zagreb
**Langue principale :** croate
**Superficie :** 56 538 km²
MONNAIE : Kuna

**POLOGNE** 2004
38,1 millions d'habitants
**Capitale :** Varsovie
**Langue principale :** polonais
**Superficie :** 323 250 km²
MONNAIE : Zloty

**AUTRICHE** 1995
8,3 millions d'habitants
**Capitale :** Vienne
**Langue principale :** allemand
**Superficie :** 83 860 km²
MONNAIE

**LITUANIE** 2004
3,3 millions d'habitants
**Capitale :** Vilnius
**Langue principale :** lituanien
**Superficie :** 65 200 km²
MONNAIE : Litas

**SLOVÉNIE** 2004
2 millions d'habitants
**Capitale :** Ljubljana
**Langue principale :** slovène
**Superficie :** 20 250 km²
MONNAIE

**LETTONIE** 2004
2,3 millions d'habitants
**Capitale :** Riga
**Langue principale :** letton
**Superficie :** 64 600 km²
MONNAIE : Lat Letton

**CHYPRE** 2004
795 milliers d'habitants
**Capitale :** Nicosie
**Langues principales :** grec, turc
**Superficie :** 9 250 km²
MONNAIE : Livre chypriote

**ESTONIE** 2004
1,3 millions d'habitants
**Capitale :** Tallinn
**Langue principale :** estonien
**Superficie :** 45 100 km²
MONNAIE : Couronne estonienne

**FINLANDE** 1995
5,3 millions d'habitants
**Capitale :** Helsinki
**Langue principale :** finnois
**Superficie :** 338 150 km²
MONNAIE

**MALTE** 2004
411 milliers d'habitants
**Capitale :** La Valette
**Langues principales :** maltais, anglais
**Superficie :** 320 km²
MONNAIE : Livre maltaise

**ROUMANIE** 2007
21,5 millions d'habitants
**Capitale :** Bucarest
**Langue principale :** roumain
**Superficie :** 238 391 km²
MONNAIE : Leu roumain

**SUÈDE** 1995
9,2 millions d'habitants
**Capitale :** Stockholm
**Langue principale :** suédois
**Superficie :** 449 960 km²
MONNAIE : Couronne suédoise

**RÉP. TCHÈQUE** 2004
10,3 millions d'habitants
**Capitale :** Prague
**Langue principale :** tchèque
**Superficie :** 78 870 km²
MONNAIE : Couronne tchèque

**BULGARIE** 2007
7,6 millions d'habitants
**Capitale :** Sofia
**Langue principale :** bulgare
**Superficie :** 110 910 km²
MONNAIE : Nouveau lev

# La France

*66 millions d'habitants peuplent les 551 500 km² qui constituent le territoire français.*

**De la baie de Somme** aux sommets des Alpes, la France offre une diversité extraordinaire de paysages pour un territoire de cette taille. Grâce à son climat tempéré, les terres ont pu être exploitées au mieux afin de faire naître une agriculture qui est restée longtemps la principale source de richesses française et qui est encore la première d'Europe. Mais aujourd'hui, c'est aussi grâce à son industrie (automobile, aéronautique, armement) et à ses services (commerce, informatique, transports…) que la France parvient à rester parmi les pays les plus riches du monde.

**La France d'outre-mer** couvre **559 400 km²**. 1,8 millions de Français vivent dans des départements et territoires répartis à travers le monde.

### 83 millions de touristes par an

La France est la première destination touristique du monde.

**Le sites les plus visités :**

- Disneyland Paris : 14 millions
- Notre-Dame de Paris : 13 millions
- Puces de Saint-Ouen : 5 millions
- Parc du château de Versailles : 4 millions
- Centre G. Pompidou : 4 millions
- Tour Eiffel : 6,1 millions
- Musée du Louvre : 7 millions
- Mont Saint-Michel : 3,5 millions

**Les plus grandes agglomérations françaises en nombre d'habitants :**

1. **Paris,** 2,2 millions d'habitants
2. **Lyon,** 1,3 million d'habitants
3. **Marseille,** 1,7 million d'habitants
4. **Lille,** 1,1 million d'habitants

**La population française** est inégalement répartie sur le territoire. Certains départements sont très peuplés comme Paris, le Nord ou le Rhône. D'autres sont presque déserts : la Lozère, les Hautes-Alpes, la Creuse. On compte de plus en plus de personnes âgées. Aujourd'hui, plus d'un Français sur cinq a plus de soixante ans. Près de cinq millions d'étrangers venus surtout d'Europe du Sud (Portugal, Espagne, Italie) et des anciennes colonies françaises (Algérie, Maroc, Tunisie, Afrique noire) vivent en France. Un Français sur six a un parent ou un grand-parent d'origine étrangère.

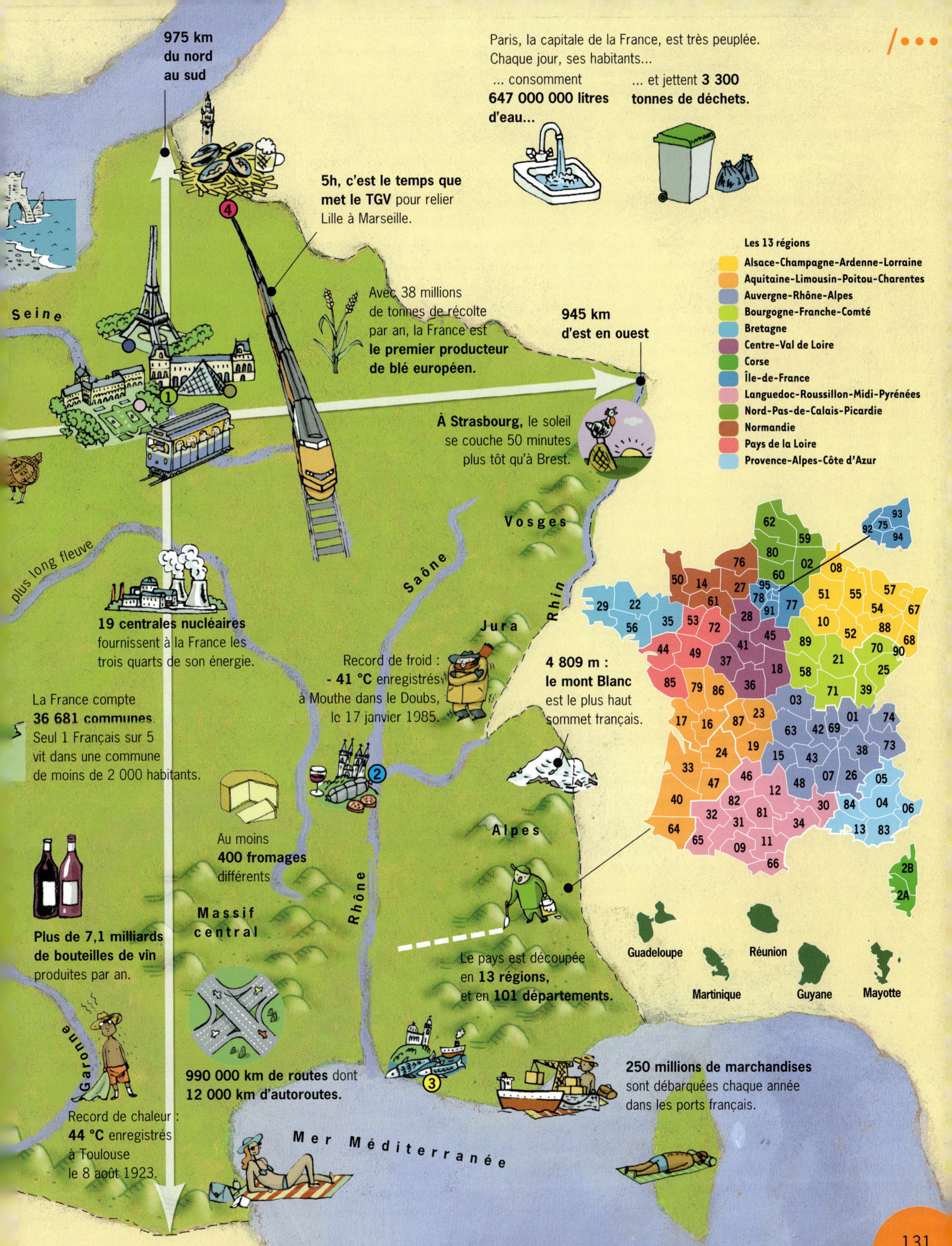
975 km du nord au sud
Paris, la capitale de la France, est très peuplée.
Chaque jour, ses habitants...
... consomment 647 000 000 litres d'eau...
... et jettent 3 300 tonnes de déchets.
5h, c'est le temps que met le TGV pour relier Lille à Marseille.
Seine
Avec 38 millions de tonnes de récolte par an, la France est le premier producteur de blé européen.
945 km d'est en ouest
À Strasbourg, le soleil se couche 50 minutes plus tôt qu'à Brest.
Les 13 régions
Alsace-Champagne-Ardenne-Lorraine
Aquitaine-Limousin-Poitou-Charentes
Auvergne-Rhône-Alpes
Bourgogne-Franche-Comté
Bretagne
Centre-Val de Loire
Corse
Île-de-France
Languedoc-Roussillon-Midi-Pyrénées
Nord-Pas-de-Calais-Picardie
Normandie
Pays de la Loire
Provence-Alpes-Côte d'Azur
Vosges
plus long fleuve
Saône
Rhin
Jura
19 centrales nucléaires fournissent à la France les trois quarts de son énergie.
Record de froid : - 41 °C enregistrés à Mouthe dans le Doubs, le 17 janvier 1985.
4 809 m : le mont Blanc est le plus haut sommet français.
La France compte 36 681 communes.
Seul 1 Français sur 5 vit dans une commune de moins de 2 000 habitants.
Au moins 400 fromages différents
Alpes
Rhône
Massif central
Plus de 7,1 milliards de bouteilles de vin produites par an.
Le pays est découpée en 13 régions, et en 101 départements.
Guadeloupe
Réunion
Martinique
Guyane
Mayotte
Garonne
990 000 km de routes dont 12 000 km d'autoroutes.
250 millions de marchandises sont débarquées chaque année dans les ports français.
Record de chaleur : 44 °C enregistrés à Toulouse le 8 août 1923.
Mer Méditerranée

# L'Afrique

*L'Afrique est le continent dont la population s'accroît le plus rapidement. Les jeunes y sont très nombreux. Et il est difficile de nourrir et de soigner tout le monde.*

**Superficie :** 30 millions de km$^2$

**Population :** 1 milliard d'habitants

**Pays le plus grand :** Soudan

**Montagne la plus haute :** Kilimandjaro, 5 895 m

**Fleuve le plus long :** Nil, 6 671 km, le plus long fleuve du monde

## Sur ce continent chaud,

le désert progresse et les ressources en eau sont peu abondantes. Il est donc plus difficile d'y vivre et d'y cultiver la terre que dans les zones tempérées comme l'Europe. Mais l'Afrique n'est pas un continent uniformément aride. On trouve, autour de l'Équateur, quelques régions fertiles et verdoyantes, des prairies et des forêts arrosées par des pluies fréquentes et fortes.

Avec une superficie de 8 millions de km$^2$, **le Sahara** est le plus grand désert du monde. Et il continue de gagner du terrain.

Dans **la ville d'Abidjan (Côte-d'Ivoire),** sur fond de gratte-ciel, beaucoup d'habitants continuent de porter le costume traditionnel.

- Mosquée de Casablanca
- Peinture rupestre du Tassili
- Village dogon de Bandiagara
- Basilique de Yamoussoukro
- Pyramides et sphinx de Gizeh
- Canal de Suez
- Chutes Victoria

**La mosquée de Djenné (Mali)** date du 13e siècle. L'islam, présent en Afrique depuis 1300 ans, se développe aujourd'hui fortement sur ce continent.

**Les souks, ou marchés, de Marrakech (Maroc)** attirent des millions de touristes par an. Pour ce pays du Maghreb, le tourisme rapporte beaucoup d'argent.

Désert

Savane

Forêt tropicale

Zone méditerranéenne

## La tribu, le dialecte, le village

sont les bases de la vie africaine traditionnelle. Elles sont aujourd'hui bouleversées par l'exode des villageois vers les villes. Massés dans les bidonvilles, ils y trouvent rarement une vie meilleure. Parfois l'exil est plus tragique encore : les conflits ethniques ou religieux jettent ainsi sur les routes de longues files de réfugiés

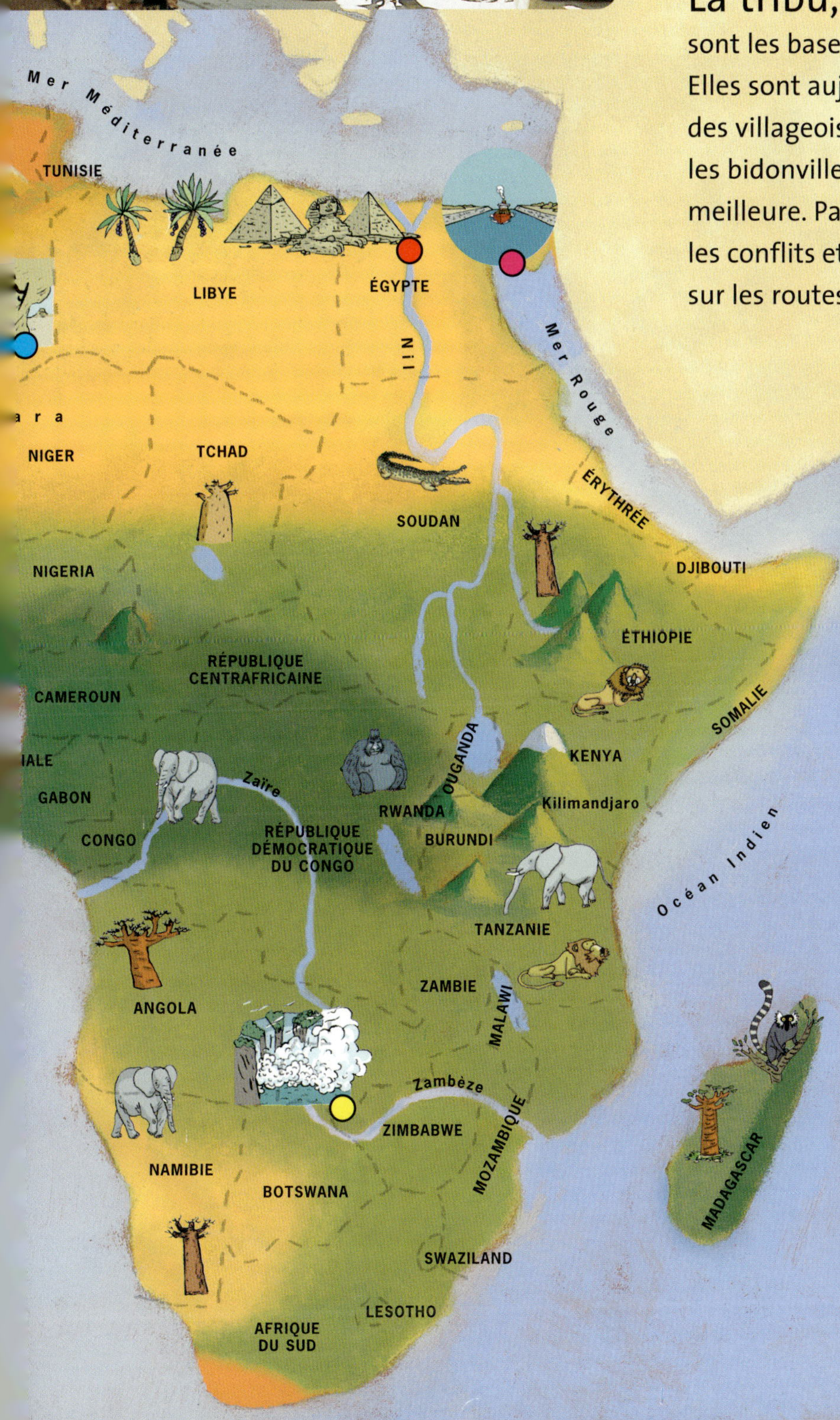

Au Kenya, le climat pluvieux favorise **la culture du thé** dans d'immenses plantations. Ce produit est destiné à être vendu à des pays étrangers.

**Ces deux femmes maliennes pilent le mil :** une scène de village qui symbolise la vie traditionnelle africaine.

# Salif vit au Mali

*Salif Koulibaly a huit ans. Il habite Semafala, un village proche de la grande ville de Ségou, à 240 km de la capitale, Bamako.*

*La famille de Salif vit dans des cases en banco (mélange d'argile, de cailloux et de paille). Elle est formée de onze personnes : Salif, son père, sa mère, ses cinq frères et sœurs, mais aussi la seconde femme de son père et ses deux enfants.*

La majorité des Maliens sont musulmans. Leur religion leur permet d'avoir plusieurs épouses. On dit qu'ils sont polygames.

*Salif se lève très tôt, à 5 h 30, car il lui faut plus d'une heure pour rejoindre son école. Il déjeune d'une mangue avec ses frères et sœurs. Son papa, qui est infirmier, est déjà parti avec sa co-épouse faire la tournée des villages en mobylette.*

Moins d'un villageois malien sur quatre est vacciné. La fièvre jaune cause encore beaucoup de morts.

*À l'école, les élèves portent un uniforme. Aujourd'hui, Salif n'a cours que le matin. L'après-midi, l'instituteur s'occupera d'une autre classe.*

Un Malien sur deux a moins de quinze ans : cela représente beaucoup d'élèves ! Mais il n'y a pas assez d'écoles et de professeurs pour les accueillir tous en même temps.

*Après le déjeuner (du riz assaisonné d'une sauce à base de pâte d'arachide), Salif joue avec son « flan bolo », le clan des camarades de son âge.*

Faute d'avoir des jouets neufs, les jeunes Maliens en fabriquent avec du matériel de récupération : canettes, cartons, bouchons en plastique...

**Une moto** fabriquée avec des boîtes de conserve et des chaînes de vélo.

*Salif revient dans sa concession et retrouve ses sœurs. Elles ne vont pas à l'école, car elles doivent faire le ménage et aller chercher l'eau.*

L'eau potable est très précieuse. À la saison sèche, il faut parfois faire des kilomètres pour en trouver, car les puits se vident.

*Avec son père, Salif traverse le Niger en pirogue pour rejoindre le village où habite son oncle. Au menu du dîner, un saame, un plat à base de riz et de poisson.*

La plupart des plats sont à base de céréales (mil, blé, sorgho ou riz) et accompagnés de sauces variées : au beurre de karité, aux feuilles de baobab...

*Après le dîner, on se réunit sur la place pour écouter un griot chanter l'histoire de Da Monzon, un ancien chef guerrier.*

Conteurs, chanteurs et musiciens, les griots se transmettent les histoires de génération en génération. Ils sont la mémoire de l'Afrique.

**La kora,** l'instrument du griot, est une harpe-luth à 21 cordes.

**le Niger** **village de l'oncle de Salif**

# L'Asie

*Des déserts glacés de Sibérie à la jungle tropicale d'Asie du Sud-Est, de la plus grande richesse à la plus sombre misère, de l'islam au bouddhisme : l'Asie est le continent de l'infinie diversité.*

**Superficie :** 44 millions de km$^2$

**Population :** 4,4 milliards d'habitants

**Pays le plus grand :** fédération de Russie (partie asiatique)

**Montagne la plus haute :** mont Everest, 8 846 m, la plus haute montagne du monde

**Fleuve le plus long :** Yangzi Jiang, 5 980 km

Le bouddhisme est né en Inde au 6e siècle av. J.-C. **Les moines bouddhistes** portent une robe safran.

**En Arabie Saoudite, l'argent du pétrole** permet d'intensifier l'agriculture, malgré les conditions climatiques. Ici, le plus grand élevage de vaches au monde.

## L'Asie est le plus vaste

et le plus peuplé des continents. Grand comme soixante-dix fois la France, elle rassemble trois habitants du monde sur cinq, notamment en Chine et en Inde, les seuls pays du monde à compter plus d'un milliard d'habitants. Mais on trouve aussi en Asie des régions presque désertes comme la Sibérie, les steppes d'Asie centrale, le plateau d'Arabie ou la chaîne de l'Himalaya.

**En Inde, les informaticiens** sont d'un très haut niveau : ils sont recrutés par les entreprise occidentales, surtout américaines.

La plupart des habitants se regroupent dans les vallées des fleuves ou sur les côtes. C'est là que se situent quelques-unes des plus grandes mégapoles du monde comme Bombay (Inde) ou Tokyo (Japon). Il existe entre ces villes de grandes inégalités. Car l'Asie abrite des pays très pauvres, tels que le Népal ou le Bangladesh, comme des pays devenus très riches grâce à l'industrie (Japon) ou au pétrole (Arabie Saoudite).

Dans les villes japonaises, l'espace est rare et précieux. **Les hôtels-capsules** offrent des « chambres » de 2 m de long sur 1 m de large !

**En Chine,** l'industrialisation se fait très vite, mais rarement dans le respect de l'environnement.

L'Asie est la civilisation du riz. En Indonésie, **les rizières en étages** sont inondées par les pluies de la mousson.

# Parichat vit en Thaïlande

*Parichat Prathet a sept ans. Avec ses parents et son petit frère, elle habite Bangkok, la capitale thaïlandaise. Ils vivent dans une maison sur pilotis, au bord du fleuve Chao Phraya.*

*Parichat se lève tôt. Il lui faut beaucoup de temps pour aller à l'école : un quart d'heure de bateau-bus et une heure de bus dans une circulation dense.*

Avec ses dix millions d'habitants et ses véhicules souvent usagés, Bangkok est une ville polluée et embouteillée.

*Enfin l'école ! Avant d'entrer en classe, Parichat et ses camarades écoutent l'hymne national et saluent le drapeau pour exprimer leur attachement à la famille royale.*

Le roi Bhumibol Adulyadej règne sur la Thaïlande depuis 1950. Son portrait figure dans tous les magasins.

*Les cours du matin commencent. Au programme : langue et écriture thaïes, anglais et mathématiques.*

En Thaïlande, les parents ont parfois du mal à payer les uniformes et les manuels scolaires. Pourtant, plus de neuf enfants sur dix vont à l'école.

**bateau-bus**

**bus**

*C'est l'heure du déjeuner. Il n'y a pas de cantine, alors Parichat va chez le marchand ambulant acheter un petit sac de riz gluant, quelques brochettes de poulet et un sachet d'ananas coupé en tranches.*

La nourriture n'est pas très chère en Thaïlande. Le déjeuner de Parichat lui a coûté quarante bahts, soit l'équivalent d'un euro !

**Le Krathong** est un bateau en forme de lotus dans lequel sont placés des bougies, de l'encens et une pièce de monnaie.

*Parichat adore l'école l'après-midi. Après le cours de danse thaïe, elle fabrique avec les autres élèves les petits bateaux de lumière qui vogueront sur le fleuve Chao Phraya pour la fête de Loy Krathong.*

Fête de l'eau et de la lumière, Loy Krathong clôt la saison des pluies et se déroule au mois de novembre, lors de la pleine lune.

*De retour chez elle, Parichat aide sa maman à décorer la « maison des esprits ».*

Devant la plupart des foyers thaïs trône une petite maison des esprits qui ressemble à un temple. Elle abrite l'esprit, ou « phi », de la maison. Elle est souvent redécorée et fleurie, afin de l'honorer.

*Le soir, Parichat et ses parents vont dîner dans un restaurant tenu par des amis. Au menu : porc au curry, poulet aux noix de cajou, crevettes marinées dans le lait de coco et riz frit. Chacun se sert dans les plats posés sur la table.*

La cuisine thaïe est l'une des plus renommées au monde. Seul problème pour les étrangers : c'est une cuisine très épicée. Le « piment crotte de souris » (phrik khù nuu) est redoutable !

Les cuisiniers thaïs sont **les rois de la décoration culinaire.**

# Amériques du Nord et du Sud

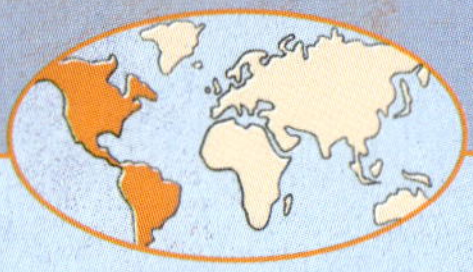

**Superficie :** 40 millions de km²

**Population :** 950 millions d'habitants

**Pays le plus grand :** Canada

**Montagne la plus haute :** Aconcagua, 6 959 m

**Fleuve le plus long :** Amazone, 7 000 km

*Le continent américain s'étire sur 18 000 km, entre le pôle Nord et le pôle Sud. Il connaît ainsi une grande variété de climats et de milieux.*

**La langue principale,** en Amérique du Nord, est l'anglais. En Amérique centrale et en Amérique du Sud, on parle surtout espagnol, sauf au Brésil, où le portugais est utilisé. Ces zones linguistiques reflètent la répartition des anciens colons venus d'Europe sur le continent. Aujourd'hui, cette terre de tous les rêves abrite les descendants de ces colons, des esclaves venus d'Afrique et des Indiens, premiers habitants du Nouveau Monde.

- Toundra
- Savane
- Prairie
- Désert
- Forêt tropicale
- Forêt boréale
- Zone tempérée
- Zone méditerranéenne

- Statue de la Liberté à New York
- Site inca du Machu Picchu
- Monument Valley
- Christ et Pain de Sucre de Rio de Janeiro
- Site maya de Palenque
- Chutes d'eau d'Iguaçu

**Des barriadas de Lima (Pérou)** aux favellas de São Paulo (Brésil), les grandes villes sud-américaines sont entourées de bidonvilles où vivent les plus pauvres.

Dans le désert d'Atacama (Chili), l'un des plus secs de la planète, se trouve **la mine à ciel ouvert de Chuquicamata,** la plus grande mine de cuivre du monde.

**En Argentine, dans la plaine de la Pampa** de grands troupeaux de moutons sont gardés par les gauchos, les cow-boys argentins.

**La forêt et les terres vierges** couvrent plus des trois quarts du territoire du Canada, le deuxième plus grand pays du monde (18 fois la France !).

**Les États-Unis** sont la deuxième puissance économique de la planète, derrière la Chine. Leur monnaie, le dollar, est utilisée pour le commerce international. Le continent américain, comme le reste du monde, n'échappe pas à la domination et aux influences de cet État. La richesse des deux pays d'Amérique du Nord (les États-Unis et le Canada) contraste avec la misère qui existe dans certains pays d'Amériques centrale et du Sud.

Des publicités variées illuminent le quartier de **Times Square à New York (États-Unis) :** un symbole de la société de consommation américaine.

**Le Brésil est le grand pays du métissage :** Noirs, Indiens et Blancs se sont mélangés, alors qu'aux États-Unis, les communautés vivent séparées.

# José vit aux États-Unis

*José Arraya a neuf ans. Il habite avec ses parents et ses deux grandes sœurs dans la banlieue de Los Angeles. Sa maison est située au bord d'une autoroute, près de l'aéroport.*

*Les parents de José ont émigré du Mexique il y a quinze ans. Le matin, quand sa mère vient le réveiller, elle lui parle en espagnol.*

Dans la ville de Los Angeles et sa banlieue, près de quatre habitants sur dix sont des « latinos » venus de pays hispaniques, comme le Mexique ou Cuba.

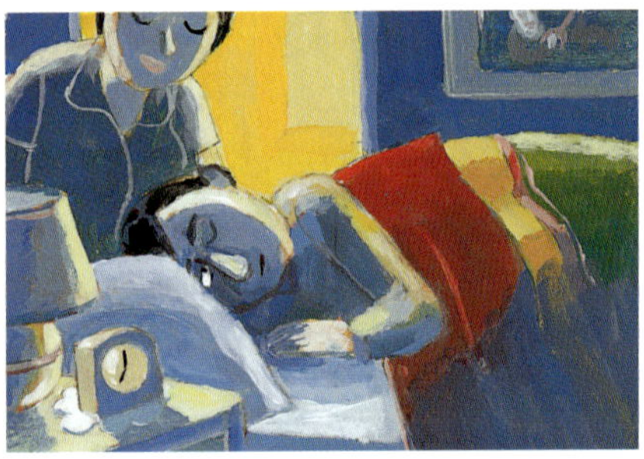

*Le papa de José le conduit à l'école dans son pick-up rouge, la camionnette familiale.*

Los Angeles et sa banlieue sont très étendues. Certaines autoroutes intérieures sont longues de plus de 40 km ! Presque tous les trajets se font en voiture.

*José est dans une classe adaptée aux enfants latinos. Les mathématiques, l'histoire et les sciences sont enseignées en espagnol et les cours d'anglais, renforcés.*

Après l'anglais, l'espagnol est la deuxième langue utilisée aux États-Unis. Il existe de nombreux journaux en espagnol.

*C'est l'heure du déjeuner. À la cantine, José a le choix entre un burrito au poulet et une pizza au pepperoni. Il prend les deux !*

Hamburger, pizza, pop-corn, sodas : les produits gras et sucrés sont consommés en grande quantité aux États-Unis. Aujourd'hui, près d'un Américain sur trois est obèse.

**Le hamburger** est à la base de la restauration rapide appelée « fast food ».

*L'après-midi, José n'a pas cours et il rentre chez lui. Avant de faire ses devoirs, il s'installe devant la télévision : il regarde un match des Lakers, la grande équipe de basket de Los Angeles. Toutes les treize minutes, la retransmission du match est interrompue par de la publicité !*

Aux États-Unis, un enfant regarde la télévision sept heures par jour en moyenne. Ces longues périodes d'inactivité favorisent l'obésité chez les jeunes Américains.

*Ce soir, c'est la fête chez les Arraya : la sœur aînée de José vient d'obtenir son diplôme de fin d'études dans une grande université. Leur maman est très heureuse d'avoir fait des sacrifices pour l'inscrire dans ce « college ».*

Pour s'inscrire dans une université américaine, il faut payer au minimum 6 000 euros par an.

Coiffés de **cette toque,** les étudiants américains reçoivent **ce diplôme** de fin d'études.

*Après le dîner, José veut rejoindre un de ses copains dans la rue. Mais sa maman, inquiète, refuse qu'il aille dehors.*

La violence est importante à Los Angeles : on y compte près de 500 meurtres par an.

**école**

# L'Océanie

*Plus de 20 000 îles constituent l'Océanie. Certaines sont montagneuses et volcaniques, d'autres sont des récifs coralliens.*

**Superficie :** 9 millions de km$^2$

**Population :** 37 millions d'habitants

**Pays le plus grand :** Australie

**Montagne la plus haute :** Mont Willhelm, 4 694 m

**Fleuve le plus long :** Murray, 2 574 km

**L'Australie** est la plus grande île de l'Océanie... et du monde. Elle est entourée par deux autres grandes îles montagneuses : la Papouasie-Nouvelle-Guinée et la Nouvelle-Zélande. Les milliers d'autres petites îles qui forment l'Océanie s'éparpillent dans le Pacifique, entre l'Asie et les Amériques, surtout dans l'hémisphère Sud. Elles se répartissent en trois groupes : la Mélanésie, la Micronésie et la Polynésie. Si certaines îles sont indépendantes, d'autres appartiennent à des États étrangers. Elles servent souvent de bases militaires.

**14 fois aussi grande que la France,** l'Australie est aux trois quarts déserte. D'énormes camions à plusieurs remorques transportent marchandises et bétail sur de longues distances.

**Les Aborigènes,** les plus anciens habitants de l'Australie, ont peu à peu été chassés de leurs terres par les colons anglais, arrivés sur l'île au 18e siècle. Très peu nombreux, ils vivent aujourd'hui dans une grande pauvreté.

**Les 3,3 millions d'habitants** de ces petites îles vivent surtout de la pêche et de la culture (canne à sucre, banane, noix de coco). Les paysages paradisiaques de Polynésie attirent aussi les touristes... Mais leurs revenus ne peuvent rivaliser avec ceux de l'Australie. Cette géante de 7,7 millions de km² compte 20 millions d'habitants répartis dans les villes de la côte sud-est. Elle possède le plus grand troupeau de moutons du monde, elle récolte des céréales dans des exploitations ultramodernes et ses ressources minières (charbon, fer, bauxite, uranium) sont abondantes.

Malgré la colonisation franco-anglaise de l'archipel de **Vanuatu** jusqu'en 1980, **l'organisation villageoise est restée traditionnelle.** Dirigés par un chef, les villageois ont une vie de groupe très soudée : un enfant est protégé par ses parents et par toute la communauté.

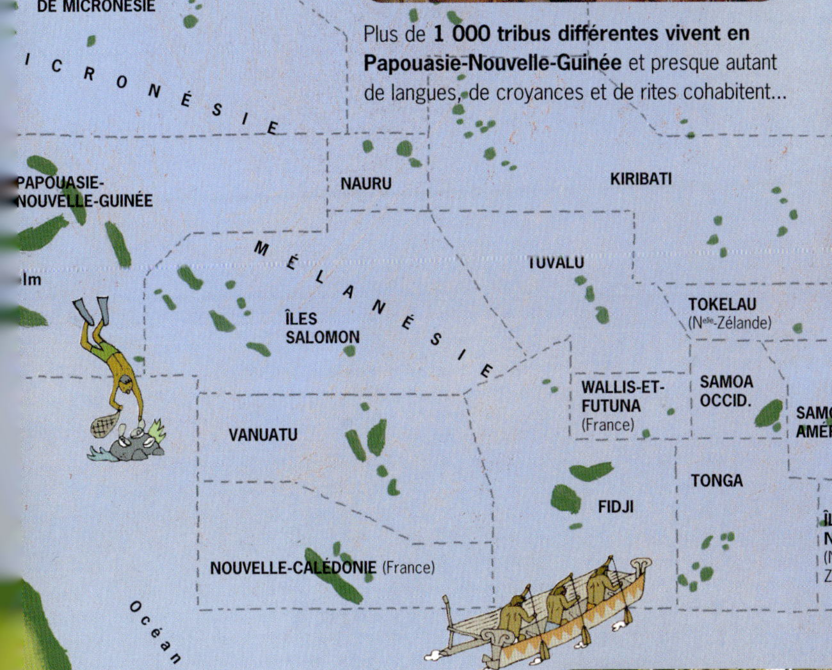

Plus de **1 000 tribus différentes vivent en Papouasie-Nouvelle-Guinée** et presque autant de langues, de croyances et de rites cohabitent...

Un ancien cratère de volcan encerclé par une barrière de coraux bordant un lagon d'eau turquoise, voici **l'atoll de Bora-Bora** (Polynésie française) : un paradis pour les touristes !

Le climat humide de **Nouvelle-Zélande** rend l'herbe des pâturages bien verte. Un vrai régal pour **les 50 millions de moutons** qui y paissent : leur viande et leur laine sont exportés dans le monde entier.

# Les conflits dans le monde

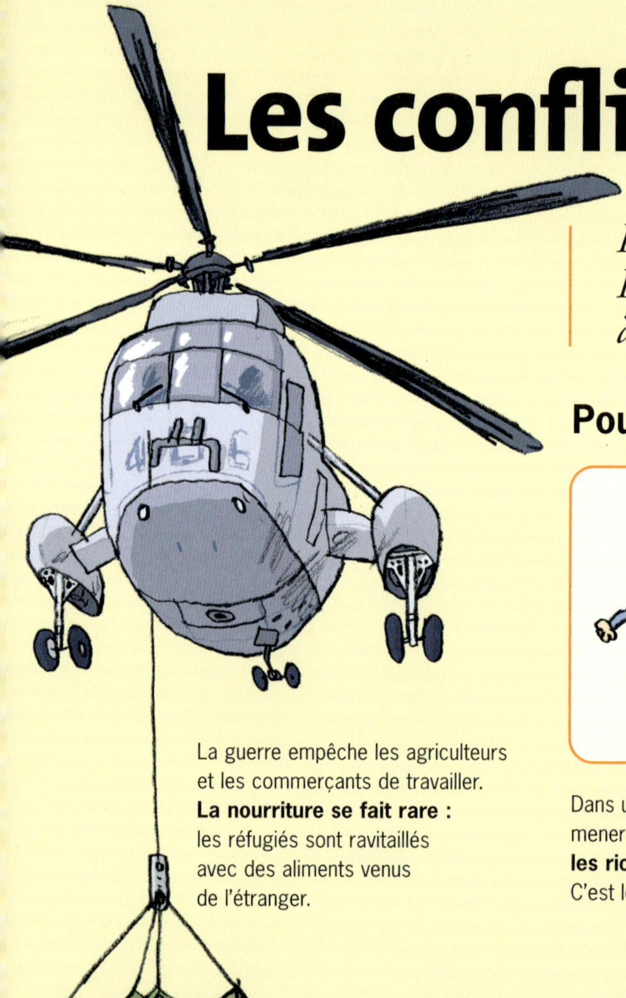

*Ils blessent et tuent des milliers de gens par an. Ils obligent aussi des hommes, des femmes et des enfants à quitter leur région ou leur pays et à devenir des réfugiés.*

## Pourquoi fait-on la guerre ?

Dans un pays, deux camps peuvent mener une guerre civile pour **contrôler les richesses et conquérir le pouvoir.** C'est le cas en Angola.

**Deux ethnies qui n'arrivent pas à vivre ensemble** peuvent s'affronter. Cela conduit parfois au génocide (ou massacre) d'une partie de la population, comme au Rwanda en 1994-1995.

La guerre empêche les agriculteurs et les commerçants de travailler. **La nourriture se fait rare :** les réfugiés sont ravitaillés avec des aliments venus de l'étranger.

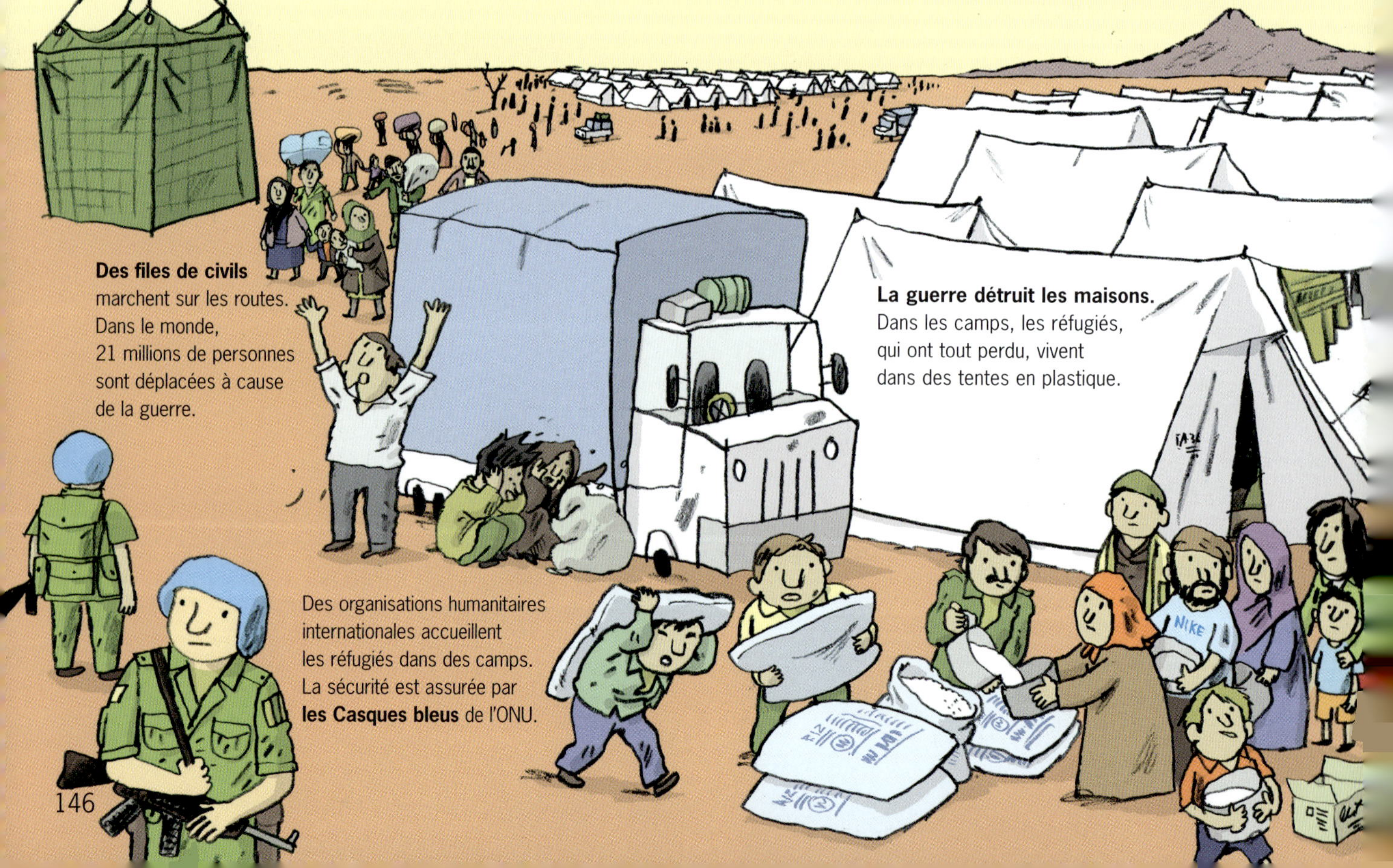


**Des files de civils** marchent sur les routes. Dans le monde, 21 millions de personnes sont déplacées à cause de la guerre.

**La guerre détruit les maisons.** Dans les camps, les réfugiés, qui ont tout perdu, vivent dans des tentes en plastique.

Des organisations humanitaires internationales accueillent les réfugiés dans des camps. La sécurité est assurée par **les Casques bleus** de l'ONU.

Les armes du 21e siècle sont très meurtrières. La bombe atomique et les armes chimiques représentent une menace pour l'humanité. Un danger qui peut pousser les dirigeants à réfléchir avant de se lancer dans un conflit mondial !
En revanche, des centaines de « petites » guerres ravagent la planète. Ce sont surtout des guerres civiles qui touchent les pays pauvres.

## Qui fabrique les armes ?

Les plus gros vendeurs d'armes sont les États-Unis, la Russie, la France, l'Allemagne et le Royaume-Uni. La vente d'armes a rapporté 28 milliards d'euros en 2005. Les prix varient : de 5 euros pour une grenade à 2 milliards d'euros pour un porte-avion. Les plus gros acheteurs sont des pays en paix, qui veulent se protéger : l'Arabie Saoudite, Taïwan, la Chine, la Grèce et la Turquie. Les pays pauvres en guerre s'adressent à des réseaux de trafic illégaux pour s'armer.

Une région souhaite se séparer de l'État auquel elle appartient. **Pour devenir indépendante,** elle peut déclencher une guerre. C'est le cas de la Tchétchénie à l'égard de la Russie.

Deux ou plusieurs États peuvent se combattre pour **conquérir ou récupérer des terres.** L'Inde et le Pakistan s'affrontent ainsi au sujet du Cachemire.

Souvent un conflit a **plusieurs causes :** des désaccords religieux, la conquête d'un territoire ou du pouvoir...
C'est le cas au Moyen-Orient entre les Israéliens et les Palestiniens.

La guerre sépare les familles. Sur des panneaux, on affiche les photos **des disparus,** pour avoir de leurs nouvelles.

À cause de la guerre, 1 million d'enfants sont devenus **orphelins** au 20e siècle.

Des médecins soignent **les blessés** de guerre. Le manque d'hygiène ou la faim provoquent des maladies (choléra, peste, diarrhées...).

# Les droits de l'homme

**Amnesty International,** fondée en 1961, défend les droits de l'homme dans le monde. Cette association s'oppose aussi à la torture et à la peine de mort.

**Reporters sans frontières** lutte pour que les journalistes puissent faire librement leur travail d'information à travers le monde.

**L'Unicef,** fondée en 1946, cherche à améliorer les conditions de vie des enfants des pays en voie de développement.

*En 1948, l'ONU a adopté la Déclaration universelle des droits de l'homme. Respect de la personne, droit à la vie, à la liberté... : 30 articles définissent les principaux droits des hommes à travers le monde.*

Ces droits sont loin d'être respectés partout. Mais c'est un idéal que tentent de défendre certains États ou organisations. Dans un pays démocratique comme la France, on peut dire ce qu'on pense, les enfants vont à l'école et on reçoit un salaire pour son travail. En revanche, certaines personnes souffrent de la misère. Dans d'autres pays, c'est encore la loi du plus fort qui règne. Les droits des habitants à vivre dignement ne sont pas respectés.

C'est ce qu'affirme **l'article 4** de la déclaration. Pourtant, à Haïti, 100 000 enfants de paysans ont été vendus à des citadins afin de les servir gratuitement.

C'est ce qu'affirme **l'article 1** de la déclaration. Pourtant, en Inde, la société est divisée en castes : certains hommes sont considérés comme inférieurs.

**infos chiffrées**

**90,** c'est le nombre de pays où des personnes sont emprisonnées à cause de leurs opinions.

**1770,** c'est le nombre de condamnations à mort prononcées en Chine en 2005.

**1,3 milliard,** c'est le nombre de personnes qui doivent vivre sur Terre avec moins de 1 euro par jour.

C'est ce qu'affirme **l'article 19** de la déclaration. Pourtant, en Tunisie, on emprisonne les journalistes qui critiquent le pouvoir.

C'est ce qu'affirme **l'article 5** de la déclaration. Pourtant, en Russie, 10 000 prisonniers sont morts en 2001 pour cause de malnutrition, de maladies ou de mauvais traitements.

C'est ce qu'affirme **l'article 25** de la déclaration. Pourtant, dans certains pays d'Afrique ou d'Asie, les malades du SIDA n'ont pas assez d'argent pour acheter des médicaments.

C'est ce qu'affirme **l'article 23** de la déclaration. Pourtant, en France, beaucoup de gens n'ont pas de travail.

C'est ce qu'affirme **l'article 26** de la déclaration. Pourtant, au Tchad, seulement une fille sur trois va à l'école.

# La Terre polluée

*Avec leurs voitures et leurs usines, les pays riches ont un mode de vie très polluant. Les pays pauvres, eux, n'ont pas toujours les moyens de respecter la nature...*

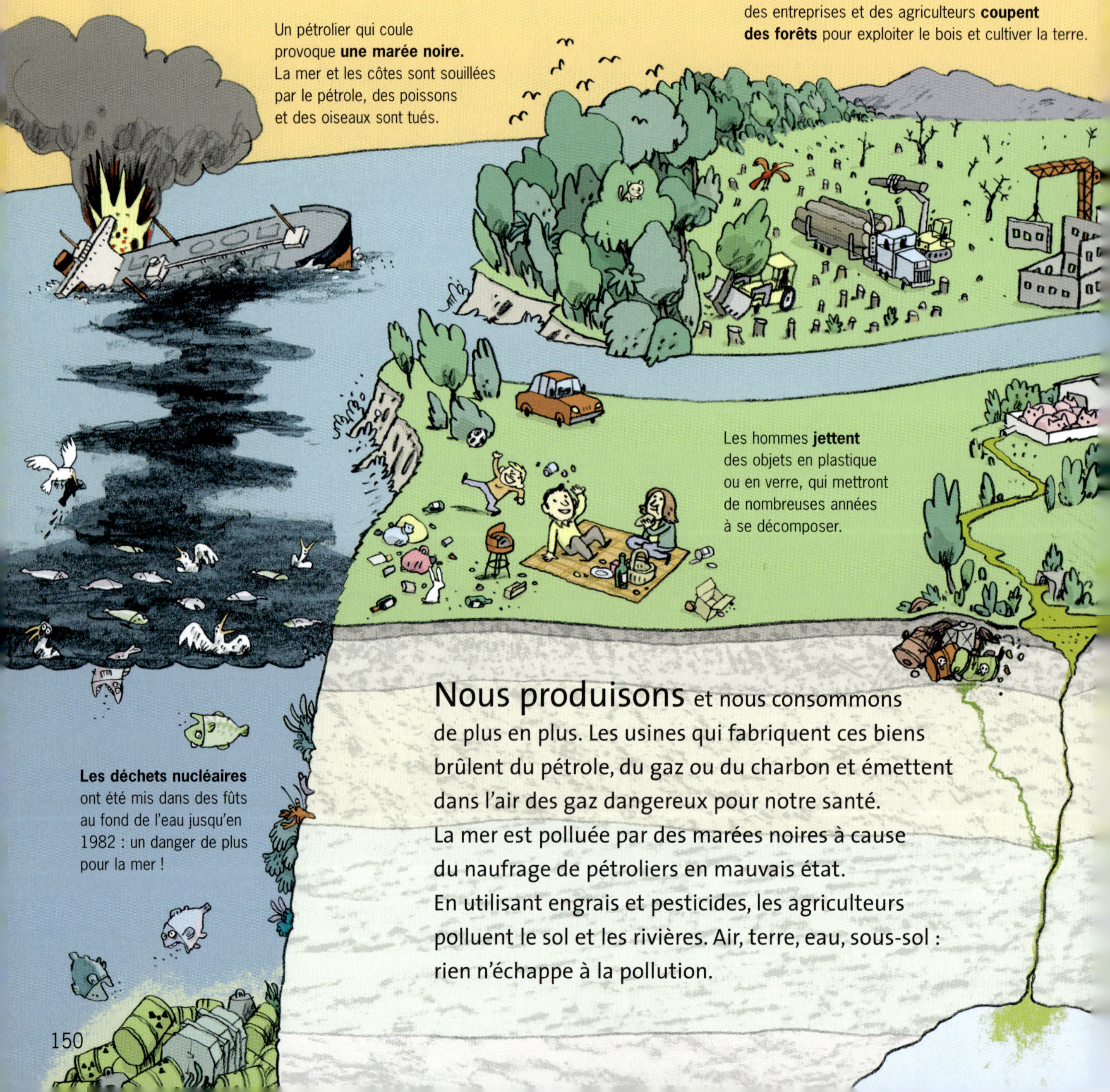

Un pétrolier qui coule provoque **une marée noire.** La mer et les côtes sont souillées par le pétrole, des poissons et des oiseaux sont tués.

En Afrique, en Amérique du Sud et en Asie, des entreprises et des agriculteurs **coupent des forêts** pour exploiter le bois et cultiver la terre.

Les hommes **jettent** des objets en plastique ou en verre, qui mettront de nombreuses années à se décomposer.

**Les déchets nucléaires** ont été mis dans des fûts au fond de l'eau jusqu'en 1982 : un danger de plus pour la mer !

**Nous produisons** et nous consommons de plus en plus. Les usines qui fabriquent ces biens brûlent du pétrole, du gaz ou du charbon et émettent dans l'air des gaz dangereux pour notre santé. La mer est polluée par des marées noires à cause du naufrage de pétroliers en mauvais état. En utilisant engrais et pesticides, les agriculteurs polluent le sol et les rivières. Air, terre, eau, sous-sol : rien n'échappe à la pollution.

Dans les villes, **les fumées** des usines et des voitures polluent l'air.

En Bretagne, les excréments des cochons élevés par millions rendent **les eaux souterraines non potables**.

## Des gestes simples pour respecter la Terre

**Trier les déchets** afin que le verre, le papier, le carton soient recyclés et servent à fabriquer de nouveaux objets.

**Éviter de prendre la voiture,** surtout pour les courts trajets, et avoir des voitures à pot d'échappement anti-pollution.

**Utiliser des engrais naturels,** comme le fumier, plutôt que des engrais chimiques.

**Éviter d'acheter des meubles en bois exotique,** car certaines espèces d'arbres sont en train de disparaître.

**Des mouvements écologistes** tirent le signal d'alarme. Les dirigeants de tous les pays se réunissent pour trouver des solutions à ce problème : réduire l'émission de gaz et développer des sources d'énergie moins polluantes. Mais tous ne sont pas d'accord. Certains pays pauvres ont pour priorité de produire plus, sans avoir les moyens de polluer moins. Des pays riches comme les États-Unis refusent de modifier leur comportement.

30
29
28
27
26
25
24
23
22

# Les arts

# Les livres

*Les mots sont les premiers héros des textes littéraires. En les agençant, l'écrivain invente des histoires et des personnages que l'on découvre et fait revivre, le temps d'une lecture, parfois bien des siècles plus tard.*

Lors de son odyssée, le rusé **Ulysse** échappe au cyclope Polyphème en lui crevant l'œil.

C'est le poète grec **Homère** (8e s. av. J.-C.) qui aurait composé les poèmes épiques l'*Iliade* et l'*Odyssée*.

***Les Mille et Une Nuits*** rassemble des contes arabes anonymes très anciens comme *Ali Baba ou Sindbad le Marin*.

**Ali Baba** découvre la grotte des 40 voleurs.

Dans ses romans de chevalerie, **Chrétien de Troyes** (12e s.) met en scène les chevaliers de la Table ronde (Arthur, Lancelot, Perceval…).

Malgré le refus de sa mère, **Perceval** décide de devenir chevalier et se rend à la cour du roi Arthur.

Au 16e siècle, **François Rabelais** raconte dans un style très inventif les aventures du géant **Gargantua**. L'une d'elles conduit celui-ci à voler les cloches de Notre-Dame pour les placer au cou de sa jument.

***Le Corbeau et le Renard***

Le poète **Jean de La Fontaine** (17e s.) est surtout connu pour ses fables, inspirées d'auteurs grecs anciens comme Ésope.

**Charles Perrault** (17e s a puisé dans les récits traditionnels français, non écrits, la matière de ses contes.

***Le Petit Chaperon rouge***

**Tous les textes** ne traitent pas du même sujet, et, surtout, pas de la même façon : on dit qu'il existe des genres littéraires. Ainsi, la poésie est une sorte de chant qui s'appuie sur les sonorités et les rythmes des mots, et le roman raconte une histoire. Certains genres sont très anciens, comme la poésie épique, qui chante les exploits des héros d'un peuple, d'autres sont plus récents, comme le polar ou la bande dessinée.

# Le théâtre et le cinéma

*Au théâtre comme au cinéma, des acteurs jouent la comédie. Mais le théâtre est un art vivant, différent de représentation en représentation, tandis que le film de cinéma est fixé une fois pour toutes sur la pellicule.*

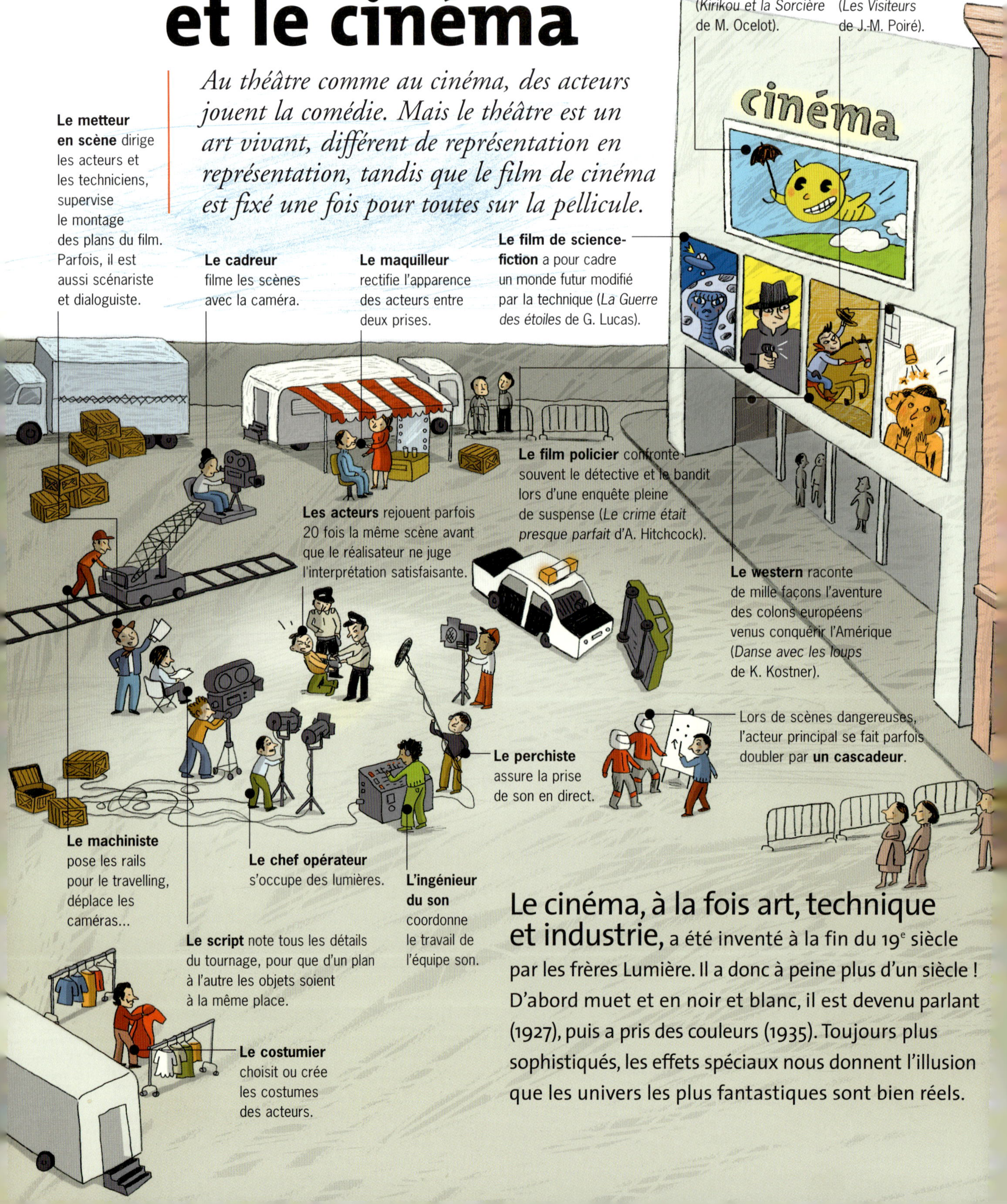


Pour une seconde de **dessin animé**, il faut réaliser 24 dessins différents (*Kirikou et la Sorcière* de M. Ocelot).

**La comédie** a pour but d'amuser le spectateur quel que soit le sujet (*Les Visiteurs* de J.-M. Poiré).

**Le metteur en scène** dirige les acteurs et les techniciens, supervise le montage des plans du film. Parfois, il est aussi scénariste et dialoguiste.

**Le cadreur** filme les scènes avec la caméra.

**Le maquilleur** rectifie l'apparence des acteurs entre deux prises.

**Le film de science-fiction** a pour cadre un monde futur modifié par la technique (*La Guerre des étoiles* de G. Lucas).

**Le film policier** confronte souvent le détective et le bandit lors d'une enquête pleine de suspense (*Le crime était presque parfait* d'A. Hitchcock).

**Les acteurs** rejouent parfois 20 fois la même scène avant que le réalisateur ne juge l'interprétation satisfaisante.

**Le western** raconte de mille façons l'aventure des colons européens venus conquérir l'Amérique (*Danse avec les loups* de K. Kostner).

Lors de scènes dangereuses, l'acteur principal se fait parfois doubler par **un cascadeur**.

**Le perchiste** assure la prise de son en direct.

**Le machiniste** pose les rails pour le travelling, déplace les caméras...

**Le chef opérateur** s'occupe des lumières.

**L'ingénieur du son** coordonne le travail de l'équipe son.

**Le script** note tous les détails du tournage, pour que d'un plan à l'autre les objets soient à la même place.

**Le costumier** choisit ou crée les costumes des acteurs.

**Le cinéma, à la fois art, technique et industrie,** a été inventé à la fin du 19e siècle par les frères Lumière. Il a donc à peine plus d'un siècle ! D'abord muet et en noir et blanc, il est devenu parlant (1927), puis a pris des couleurs (1935). Toujours plus sophistiqués, les effets spéciaux nous donnent l'illusion que les univers les plus fantastiques sont bien réels.

**Le théâtre occidental** est né en Grèce au 6e siècle avant J.-C. avec la comédie et la tragédie. Des Mystères du Moyen Âge au théâtre de l'absurde (20e s.) en passant par le théâtre classique, aux 16e-17e siècles (Shakespeare, Molière...), il n'a cessé de se renouveler depuis 2 500 ans.

tout savoir sur...

## Louis Jouvet

**Date de naissance :** 24 décembre 1887.
**Métiers :** directeur de théâtre, metteur en scène et comédien (théâtre et cinéma).
**Convictions :** « L'acteur ne peut jouer que certains rôles ; il déforme les autres selon sa personnalité. Le comédien, lui, peut jouer tous les rôles. » **Génie :** en tant que metteur en scène, il a monté avec succès des textes classiques, de Molière notamment, et fait découvrir des auteurs du 20e siècle, comme Jean Giraudoux et Jules Romains.
**Réplique :** « Moi j'ai dit bizarre ? Comme c'est bizarre ! », dans le film *Drôle de drame*, en 1937.

Au 17e siècle, Molière a inventé **la comédie-ballet** mélange de théâtre et d'intermèdes chantés et dansés, comme *Le Malade imaginaire*.

**Le nô** est un genre japonais né au 14e siècle. Chanté, dansé et mimé, il traite de sujets religieux.

En Inde, les aventures des dieux sont racontées sur scène par des acteurs souvent masqués dans les adaptations de longs poèmes comme le ***Ramayana*** et le ***Mahabharata***.

**Corneille** et **Racine** sont les plus grands auteurs de **tragédies** français (17e s). Ils écrivaient des pièces à sujets historiques développant une seule action en un seul lieu sur un seul jour.

Au 16e siècle, les acteurs de **la Commedia dell'Arte**, jouent des personnages typés, tels Pantalon ou **Arlequin**, dans des pièces qui laissent part à l'improvisation.

Au 20e siècle, **metteurs en scène** et **auteurs** ont renouvelé le théâtre. Eugène Ionesco invente le « théâtre de l'absurde », qui ne suit en apparence aucune logique.

À chaque représentation d'une pièce de théâtre, **les acteurs** revivent leur texte, peaufinent les gestes fixés par la mise en scène pour un public toujours différent. L'émotion reste intacte.

# L'art au musée

*Qu'ils soient sculpteurs, peintres ou photographes, les artistes n'ont pas pour but de copier la réalité. Ils en donnent une image qui correspond au sentiment qu'ils en ont, à leur technique et à leur vision du monde.*

**Les Égyptiens anciens** pensaient que les œuvres d'art étaient douées de vie, comme leur modèle. *Le nain Seneb et sa famille*, sculpture en calcaire peint, date de 2 400 av. J.-C.

Dans sa *Madone au chardonneret*, **Raphaël** (1483-1520) respecte les règles de la perspective mises au point en Italie à la Renaissance, qui donnent au tableau un effet de profondeur.

Peintre de cour, **Diego Vélasquez** (1599-1660) a souvent peint le fils aîné de Philippe IV, roi d'Espagne. Ici, ce prince de 6 ans est représenté en chef militaire

**La peinture**, c'est l'application sur une surface (toile, roche, mur, papier…) de couleurs obtenues à partir de matières naturelles. Les pigments peuvent être mélangés à de l'eau (aquarelle, fresque) ou à de l'huile (peinture à l'huile). Les artistes du 20e siècle ont aussi utilisé la peinture acrylique.

**La sculpture** consiste à créer des formes en relief dans la pierre, la glaise, le métal, le bois, en utilisant les pleins et les vides, les ombres et les lumières.

Inventée au 19e siècle, **la photographie** permet de fixer sur un support sensible à la lumière une image de la réalité.

Dans *Maya à la poupée*, **Pablo Picasso** (1881-1973) peint sa fille à la fois de face et de profil, bouleversant la conception classique de la peinture.

## L'art a très longtemps été lié à la religion :

sculptées ou peintes, les images étaient un moyen d'entrer en relation avec le surnaturel, que ce soit en Égypte ancienne, en Afrique noire ou en Occident au Moyen Âge. À partir de la Renaissance, l'art se met au service de la beauté, jusqu'au 20e siècle, où la notion de « beau » n'est plus, pour certains artistes, le seul but de l'art.

**Les artistes grecs** représentaient le corps dans des proportions parfaites. Cette figurine en terre cuite (3e s. av. J.-C.) montre Éros, le dieu de l'amour, sous l'apparence d'un enfant joufflu.

Peinte au 12e siècle par **un artiste byzantin**, la *Vierge de Vladimir* est une icône de la religion orthodoxe : elle représente la Vierge Marie et son fils Jésus sans perspective (c'est-à-dire à plat).

Cette statue en bois, symbole de fertilité, est l'œuvre des **Yoruba du Nigéria**. Souvent, dans les pays d'Afrique noire, les œuvres d'art ont d'abord une fonction religieuse.

Peintre impressionniste, **Auguste Renoir** (1841-1919) peint avec des couleurs claires, par petites touches, pour traduire sur la toile la sensation produite par son sujet. Ici, *Gabrielle et Jean*.

anecdote

### Le « scandaleux » Marcel Duchamp

Ce peintre français (1887-1968) a révolutionné l'art au 20e siècle. Très vite, certaines de ses œuvres font scandale, comme ses « ready-made » : sa *Roue de bicyclette*, en 1913, simple roue de vélo sur un tabouret, ou son célèbre urinoir posé à l'envers et baptisé *Fontaine* (1917). Pour lui, en effet, les objets manufacturés (industriels) peuvent être vus comme des œuvres d'art, pourvu qu'on change le regard qu'on leur porte.

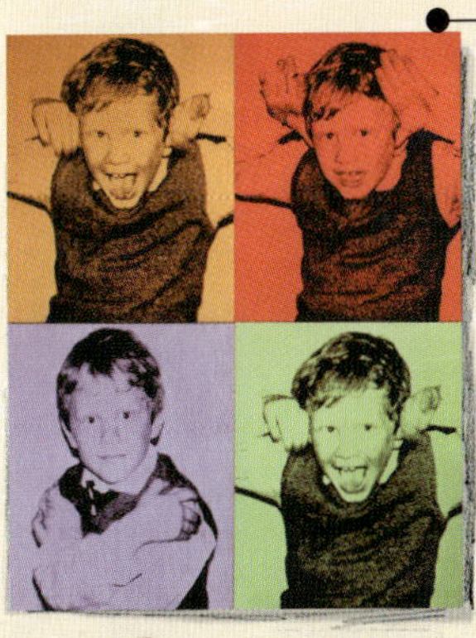

L'Américain **Andy Warhol** (1928-1987) a été l'un des maîtres du pop art. Il a exploité les objets et les images de la société de consommation (boîtes de Coca-Cola, portraits de stars…) dans des séries aux couleurs acides. Ici, *Magnus*, en 1986.

Le photographe français **Édouard Boubat** (1923-1999) saisit des instants du quotidien, ces petits riens qui font la magie de la vie. Ci-contre, des enfants jouent à Paris en 1953.

# La musique et la danse

*Dans son immense diversité, la musique est par excellence le langage universel des émotions. Qu'elle date d'hier ou d'il y a trois siècles, une œuvre musicale ne perd rien de sa force avec le temps.*

Sur scène, les danseurs exécutent **un ballet romantique**, le *Lac des cygnes*, de Piotr Tchaïkovski, selon la technique de la danse sur pointes, apparue à la fin du 18e siècle.

Pendant des siècles, pour écouter de la musique, il fallait aller au concert. **La radio**, depuis les années 1920, puis **les disques**, à partir de 1950, l'ont mise à la portée de tous.

**Un orchestre symphonique** comprend plus de 100 musiciens répartis en quatre sections : les cordes, les cuivres, les bois et les percussions.

**Le chef d'orchestre** donne son interprétation de la musique et aide les instrumentistes à jouer ensemble de façon harmonieuse.

## La musique est faite de sons

qui sont combinés selon un certain rythme. Or la distingue des bruits, qui n'ont pas d'intentio artistique (souffle du vent, marteau piqueur....). Pour faire de la musique, l'homme utilise sa vo Il a aussi inventé des instruments qui produise des sons quand on les pince, frotte, frappe, ou quand on souffle dedans. La danse, art du mouvement et de l'espace, a besoin de la musique, mais le contraire n'est pas vrai.

**Le jazz** a été inventé dans les années 1890 par des musiciens noirs de la Nouvelle-Orléans (États-Unis). La part laissée à l'improvisation y est très importante. *Grands jazzmen : Louis Armstrong, Miles Davis, Django Reinhardt…*

Composante du hip-hop, **le rap**, aux paroles mi-chantées, mi-parlées sur une musique très rythmée, exprime souvent une révolte. Le breakdance est la danse issue du hip-hop.

## Wolfgang Amadeus Mozart

**Date de naissance :** 27 janvier 1756.
**Métier :** interprète et compositeur. **Enfance :** pianiste et violoniste précoce, le jeune Autrichien n'a que 7 ans lorsque son père, Léopold, professeur de musique sévère, l'emmène faire une tournée de concerts dans les cours européennes. Il devient compositeur dès l'âge de 12 ans. **Œuvres :** opéras, messes, symphonies, concertos, musique de chambre... Mort à 35 ans, dans la misère, il laisse plus de 700 œuvres, parmi lesquelles l'opéra *Don Giovanni* (1787), la symphonie *Jupiter* (1788) et le *Requiem* (1791).

**La voix** est le premier instrument de musique. Souvent, les chants choraux intègrent plusieurs voix : du plus aigu au plus grave, les voix de soprano, alto, ténor et basse.

À l'origine, dans les années 1950, **le rock and roll** est un mélange de rhythm and blues (musique noire très rythmée) et de country (musique folklorique du sud-ouest des États-Unis). *Stars du rock : Elvis Presley, The Beatles, U2...*

**Le tango**, musique à rythme lent, est né en Argentine. C'est le Français Carlos Gardel qui a rendu populaire la danse dès 1912.

**La musique savante de l'Inde** est d'origine religieuse. La danse, très codifiée, comprend par exemple 67 gestes des mains.

Apparue à la fin des années 1980, **la techno** (house, dance, jungle...) est une musique électronique souvent sans paroles et remixée (créée à partir d'extraits ou « samples » d'autres morceaux).

**Une chanson** est un court poème composé de couplets chanté sur une mélodie. *Grands auteurs, compositeurs, interprètes : Édith Piaf, Jacques Brel, Georges Brassens...*

### chrono

- **600** Premiers **chants grégoriens**.
- **1721** **Jean-Sébastien Bach** compose ses concertos brandebourgeois.
- **1786** **Wolfgang Amadeus Mozart** crée l'opéra *Les Noces de Figaro*.
- **1810** **Ludwig van Beethoven** écrit le concerto pour piano *L'Empereur*.
- **1882** **Richard Wagner** crée l'opéra *Parsifal*.
- **1913** **Igor Stravinski** fait scandale avec son ballet *Le Sacre du printemps*.
- **1926** Le trompettiste de jazz **Louis Armstrong** enregistre *Cornet Shop Suey*.
- **1967** **The Beatles** sortent le disque *Sgt. Pepper's Lonely Hearts Club Band*.
- **1978** Le musicien de reggae **Bob Marley** sort l'album *Babylon by bus*.
- **1982** **Michael Jackson** enregistre le disque *Thriller*.

# L'architecture

*Les hommes construisent des maisons qu'ils habitent. Mais ils bâtissent aussi des édifices conçus pour durer longtemps : des temples et des églises dédiés à la prière, des mausolées pour honorer les morts, des palais et des châteaux qui montrent la puissance des rois et des seigneurs.*

Fronton pointu, colonnade, bas-reliefs... **les temples grecs** ont inspiré les Romains, puis tout l'Occident à partir de la Renaissance.

Il y a 2 000 ans, pour alimenter les villes en eau, **les Romains** ont construit des aqueducs : l'eau y coule en pente douce, tantôt sous terre, tantôt sur des ponts.

**Les maisons du Moyen Âge** avaient une ossature en bois. Les trous entre les poutres étaient bouchés avec des briques ou de la terre.

Au Moyen Âge, les églises de **style roman** adoptent peu à peu un plan en croix latine et un voûtement en pierre. Tympans et chapiteaux sont souvent ornés de sculptures.

tympan

## Les principaux matériaux de construction

ont été très longtemps la pierre, solide et facile à extraire, et le bois. À partir du 19e siècle, de nouveaux matériaux les ont peu à peu remplacés : l'acier, le verre, le béton armé. Les techniques, elles aussi, ont bien évolué. Aux engins de levage mécaniques utilisés dès l'Antiquité ont succédé, au 20e siècle, des engins de chantier motorisés et d'immenses grues qui rendent la construction bien plus rapide.

### Dix merveilles du monde... parmi d'autres !

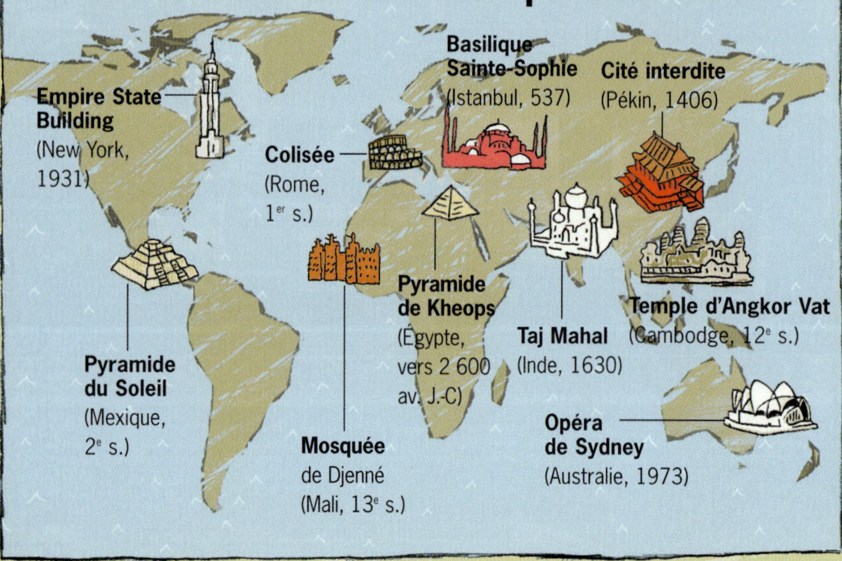

**métier...**

## architecte

L'architecte doit donner ou redonner une forme à un bâtiment. Pour cela, il élabore un projet et dessine des plans, souvent sur ordinateur, en tenant compte des contraintes techniques et des possibilités des matériaux : un gratte-ciel en briques s'écroulerait ! Une fois le projet accepté, il choisit les entreprises et supervise les travaux sur le chantier.

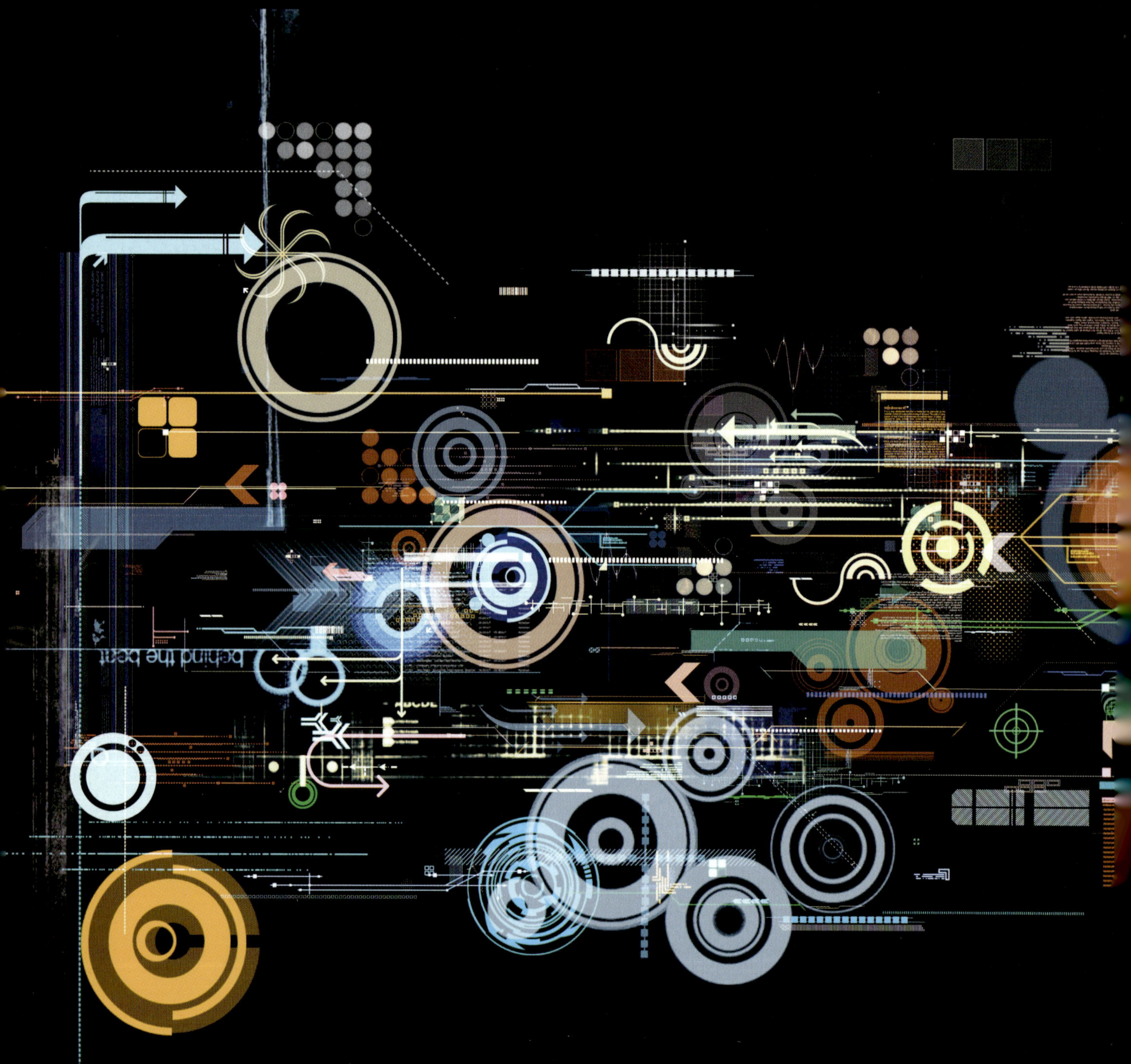
behind the beat

# Sciences et techniques

# Des inventeurs de génie

*Sans eux, le monde serait encore à l'âge de pierre ! Les inventeurs imaginent ou perfectionnent des objets nouveaux, inédits, extraordinaires. Parfois, ce sont de véritables révolutions.*

## Pour inventer, il n'existe pas de recettes !

Mais un esprit curieux, original et attentif sait saisir toute idée nouvelle, déceler le futur à partir des connaissances du présent ou parfois transformer le hasard en solution géniale. Il faut aussi beaucoup de travail et de ténacité pour que l'idée devienne un objet qui fonctionne. Ctésibios et les mécaniciens grecs, Léonard et les ingénieurs de la Renaissance, Watt et les inventeurs de la révolution industrielle, Edison et les entrepreneurs du 19e siècle, Bardeen, Brattain, Shockley et les chercheurs et ingénieurs du 20e siècle, tous ont un point commun : ils inventent pour le plaisir.

# chrono

- **- 3000** — **Roue** — Mésopotamie
- **- 1000** — **Cadran solaire** — Égypte
- **- 85** — **Moulin à eau** — Grèce
- **105** — **Papier** — Chine
- **600** — **Charrue** — Allemagne
- **1190** — **Gouvernail** — Liban
- **1600** — **Lunette astronomique** — Italie
- **1645** — **Machine à calculer** — France
- **1867** — **Dynamite** — Suède
- **1901** — **Aspirateur** — Angleterre
- **1946** — **Ordinateur** — États-Unis
- **1989** — **Game Boy** — Japon

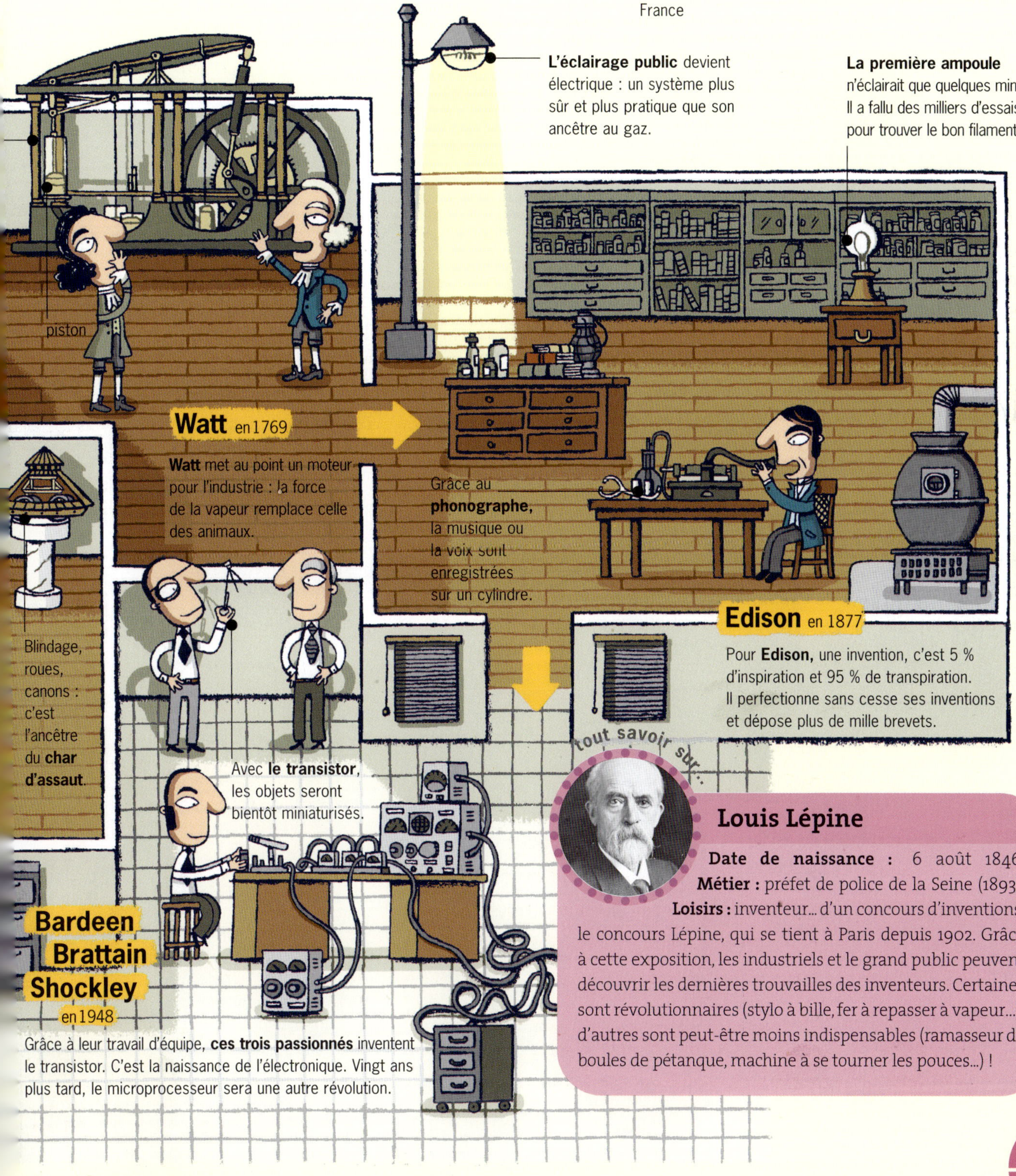


**L'éclairage public** devient électrique : un système plus sûr et plus pratique que son ancêtre au gaz.

**La première ampoule** n'éclairait que quelques minutes. Il a fallu des milliers d'essais pour trouver le bon filament.

## Watt en 1769

**Watt** met au point un moteur pour l'industrie : la force de la vapeur remplace celle des animaux.

Grâce au **phonographe,** la musique ou la voix sont enregistrées sur un cylindre.

## Edison en 1877

Pour **Edison,** une invention, c'est 5 % d'inspiration et 95 % de transpiration. Il perfectionne sans cesse ses inventions et dépose plus de mille brevets.

Blindage, roues, canons : c'est l'ancêtre du **char d'assaut**.

Avec **le transistor,** les objets seront bientôt miniaturisés.

## Bardeen Brattain Shockley en 1948

Grâce à leur travail d'équipe, **ces trois passionnés** inventent le transistor. C'est la naissance de l'électronique. Vingt ans plus tard, le microprocesseur sera une autre révolution.

tout savoir sur...

## Louis Lépine

**Date de naissance :** 6 août 1846.
**Métier :** préfet de police de la Seine (1893).
**Loisirs :** inventeur... d'un concours d'inventions, le concours Lépine, qui se tient à Paris depuis 1902. Grâce à cette exposition, les industriels et le grand public peuvent découvrir les dernières trouvailles des inventeurs. Certaines sont révolutionnaires (stylo à bille, fer à repasser à vapeur...), d'autres sont peut-être moins indispensables (ramasseur de boules de pétanque, machine à se tourner les pouces...) !

# Les transports

*À pied ou à cheval, il est bien difficile de découvrir le monde ! Grâce aux engins de transport, toujours plus performants, les montagnes et les mers ne sont plus des obstacles, le ciel et l'espace sont conquis.*

**Rocket** de Stephenson (1829, 47 km/h)

Avec **le TGV** (1990, 500 km/h), la vitesse du train a été multipliée par 10 en moins de deux siècles.

## Chaque moyen de transport a son ancêtre.

Quels progrès entre le premier et le plus récent ! Le vent et les animaux ont longtemps été les seuls moteurs. C'est grâce à la machine à vapeur que le train, l'avion, la voiture... ont pu voir le jour. Puis, avec le pétrole et le moteur à explosion, tous les records de vitesse et de distance ont été battus. Enfin, de nouveaux moteurs et d'autres sources d'énergie ont permis la conquête de l'espace et des fonds marins.

**Automobile** de Panhard et Levassor (1894, 20 km/h)

Avec un radar anticollision, un accélérateur intelligent et des capteurs de position, **la voiture de demain** s'adaptera à l'état de la chaussée et à la circulation.

**Célérifère** (1791)

Pour passer du célérifère au **VTT,** il a fallu inventer la direction, la chaîne, la dynamo, le frein et le pneu.

**Patin à terre** de Merlin (vers 1700)

D'abord équipé de bobines en bois, puis de roues en métal, **le patin à roulettes** est désormais en plastique.

La vitesse du **Concorde** (1973 - 2003, 2 200 km/h) etait deux fois celle du son. Cet avion supersonique reliait Paris à New York en moins de 4 heures.

**Éole** de Clément Ader (1897)

**Vostok** (1961)

**La navette spatiale** peut atteindre une vitesse de 40 000 km/h. Le premier vol touristique a eu lieu en 2001.

anecdote

## Les premiers jours de la montgolfière

Le 5 juin 1783, après plusieurs essais exécutés en secret, **Étienne et Joseph Montgolfier** font s'élever un immense globe de toile rempli d'air chaud. Le 12 septembre, Louis XVI et sa famille assistent au premier voyage aérien… d'un mouton, d'un coq et d'un canard ! Et le 21 novembre, Pilâtre de Rozier et le marquis d'Arlandes traversent Paris en montgolfière à 1 000 mètres d'altitude. Bientôt les premières balades en ballon !

**L'aéroglisseur** flotte sur un coussin d'air. Ses hélices le propulsent à 110 km/h.

**Tronc d'arbre** (-10000 ans)

**Autogire** de Cierra (1930)

Selon l'inclinaison des pales de l'hélice, **l'hélicoptère Westland Lynx** peut décoller à la verticale, voler sur place ou avancer à 400 km/h.

Faute d'air, **les sous-marins** sont propulsés par des moteurs électriques alimentés par des batteries ou des centrales nucléaires.

**Tortue** de Bushnell (1791)

# Comment ça marche ?

*On branche un appareil, on appuie sur le bouton. Des voyants s'allument. Parfois, on entend du bruit. Mais comment ça marche ? Que dissimule le boîtier ? En avant pour une promenade scientifique dans notre univers familier !*

Sur l'écran du casque, une piste noire, aux pieds, des capteurs de mouvements. Avec **la réalité virtuelle**, on s'y croirait !

## Autrefois, les objets étaient

fabriqués à partir de matériaux naturels : bois, cuir, corne, laine... Peu à peu, l'homme a transformé le sable en verre, les minerais en métaux, le pétrole en plastiques. Ils sont alors devenus de plus en plus petits, légers, pratiques et économiques. Une nouvelle révolution est en cours : les matériaux sont désormais des mélanges complexes parfaitement adaptés à la fonction des objets.

**Le ski** est un sandwich d'aluminium, de fibre de verre, de résine et de plastique.

Les fibres textiles de ce **pull polaire** sont fabriquées en recyclant les bouteilles d'eau en plastique !

Sur l'écran de **télévision**, les couleurs de l'image sont obtenues par le mélange de lumière verte, rouge et bleue.

Avec des fils mélangés à des **substances chimiques**, pas de fermentation et halte aux mauvaises odeurs !

**Les fils électriques** sont en cuivre car ce métal est un très bon conducteur de l'électricité.
Le flotteur commande l'ouverture et la fermeture du robinet. **La chasse d'eau** se remplit.
flotteur
Emprisonné dans les billes de polystyrène, l'air est le meilleur **isolant**.
mur
polystyrène
Sur un CD, la musique numérique est enregistrée sous forme de minuscules creux et reliefs. **Le lecteur CD** la lit avec son rayon lumineux.
Le moteur fait tourner la poulie qui transmet le mouvement au câble. Les banquettes du **télésiège** avancent.
Dans **un réfrigérateur**, le liquide réfrigérant du circuit absorbe la chaleur des aliments. Leur température baisse.
L'air froid est chauffé par la résistance électrique en bas du **radiateur**. L'air chaud, plus léger, sort par le haut.
Traversé par le courant électrique, le filament de **l'ampoule** chauffe à très haute température et émet la lumière.
Dans **un micro-ondes**, les ondes agitent très fort l'eau contenue dans les aliments. L'eau est chauffée, le poulet aussi !

# Les réseaux de communication

*Aujourd'hui, on peut tout savoir n'importe où et n'importe quand. Reliés entre eux par des machines en réseau, les hommes dialoguent, travaillent, jouent. Cet univers d'information a un nom : le cyberespace.*

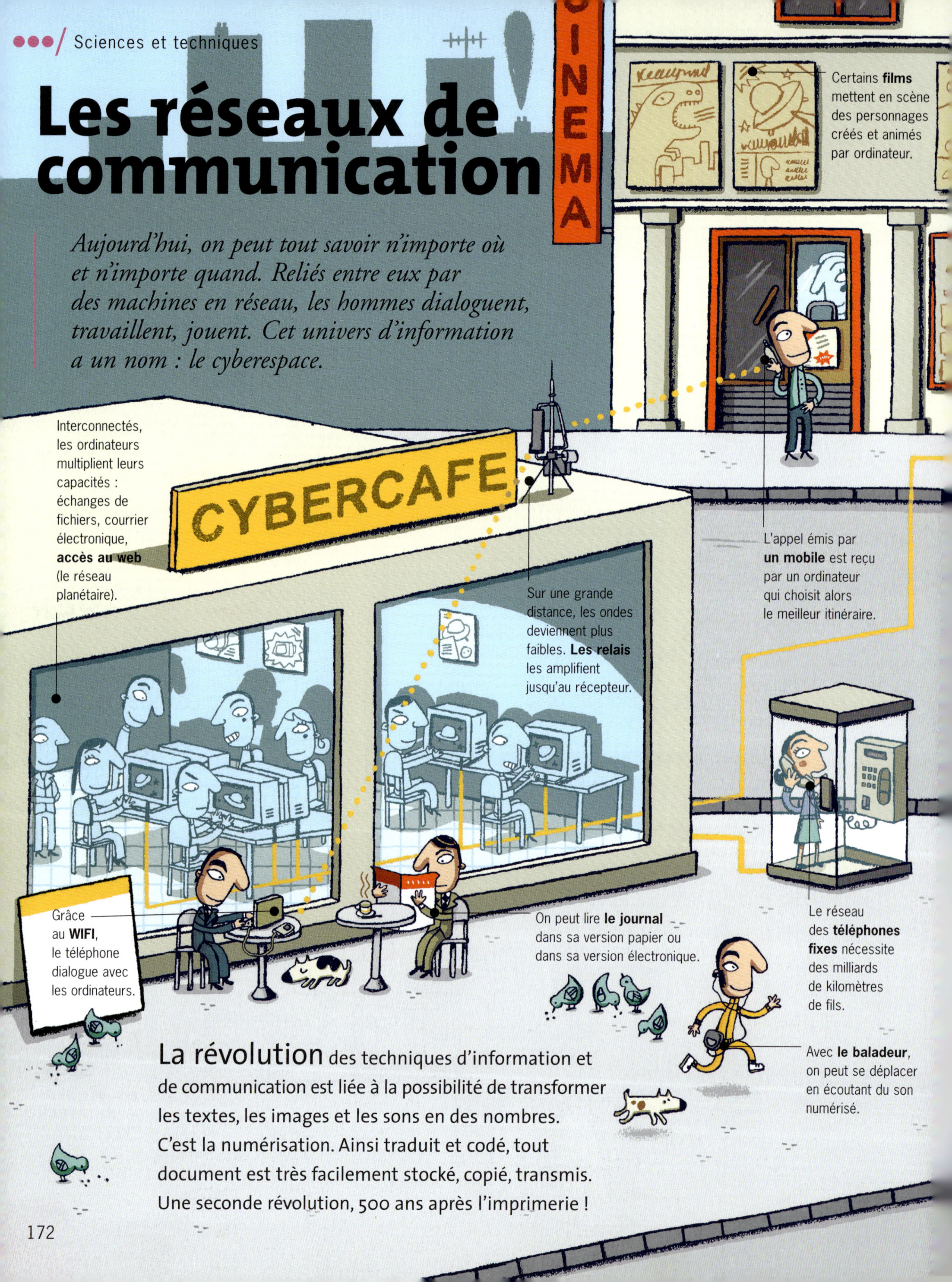


**La révolution** des techniques d'information et de communication est liée à la possibilité de transformer les textes, les images et les sons en des nombres. C'est la numérisation. Ainsi traduit et codé, tout document est très facilement stocké, copié, transmis. Une seconde révolution, 500 ans après l'imprimerie !

## Les informations circulent

entre les machines sur trois supports : des ondes, des fils électriques ou des fibres optiques. Pour franchir les très grandes distances, leur transmission nécessite des satellites de communication.

**chrono**

- **1438** Imprimerie
- **1827** Photographie
- **1861** Carte postale
- **1876** Téléphone
- **1895** Radio (TSF)
- **1927** Cinéma parlant
- **1950** Télévision en couleur
- **1974** Internet
- **1979** Baladeur

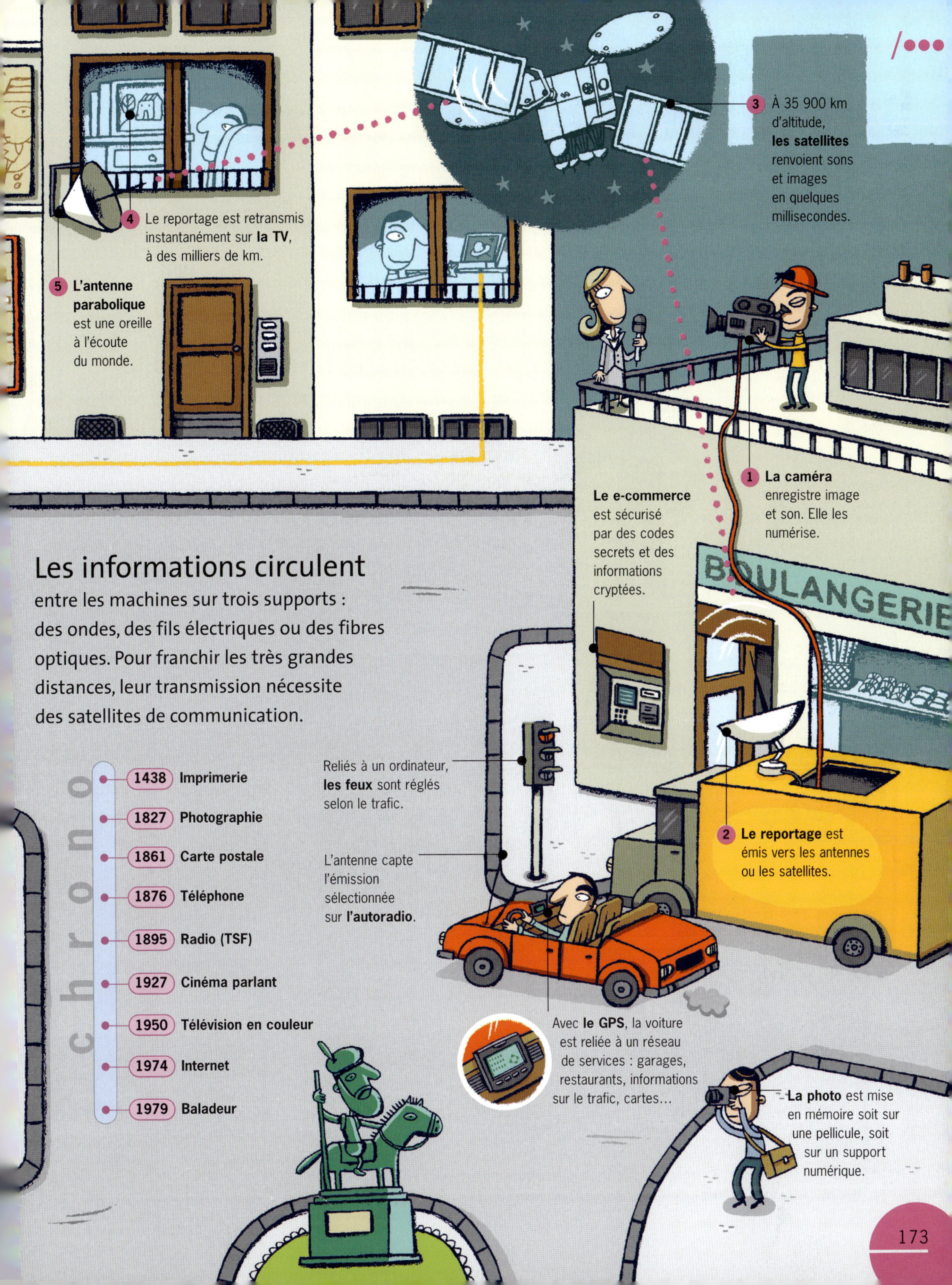

# Les machines de l'usine

*Dans une usine, la conception et la production des objets est assistée par les ordinateurs : des calculateurs puissants qui reçoivent, stockent, transforment, transmettent des informations numériques. Ils dessinent les maquettes, contrôlent les robots industriels et ajustent les livraisons.*

## Pour un constructeur automobile,

le lancement d'un nouveau modèle est une aventure. En un peu plus de deux ans, tout doit être prévu pour satisfaire les clients, produire des milliers de voitures et les fabriquer en une semaine seulement. Grâce aux maquettes virtuelles et aux simulations de crash tests, de conduite sous la pluie, de fonctionnement des robots de production, l'équipe gagne de précieuses minutes. Sans ordinateurs, ce serait impossible !

Dans ces bureaux, tout est secret : on invente la nouvelle voiture, codée X89 ! À partir de sondages auprès des futurs clients, on fait des centaines de **dessins** et de **maquettes.** Enfin, la future X89 est choisie. Pas facile de concevoir aujourd'hui la voiture qui plaira demain !

Ici, on réalise **le prototype** de la X89, c'est-à-dire le premier exemplaire de ce modèle. Il faut tout définir : les dimensions, les matériaux, les couleurs de toutes les pièces, du moteur au clignotant. Il faut tester aussi les machines et les robots.

Nous voici maintenant dans l'usine de production. Tout est automatisé et parfaitement réglé, du pressage des portières à la peinture de la carrosserie. C'est **l'ordinateur central** qui contrôle ce ballet des robots soudeurs, transporteurs, peintres… Un véritable chef d'orchestre !

Là, c'est le dernier atelier. On y monte le tableau de bord, le moteur, les roues… Le plus important, c'est de ne jamais manquer de pièces. Selon le stock, **un ordinateur** les commande aux fournisseurs pour qu'elles soient livrées juste à temps.

## Les robots sont-ils intelligents ?

Les robots n'ont que l'intelligence qui leur a été donnée ! Les robots industriels sont capables de voir grâce à leurs caméras et de toucher avec leurs pinces munies de capteurs. Mais ce sont des esclaves qui réagissent aux instructions de leurs programmes informatiques. Les robots de loisirs paraissent plus malins car ils sont désobéissants : ils ne doivent jamais faire les mêmes gestes mais réagir à des contextes toujours différents.

Une fois les derniers réglages effectués, la voiture peut être livrée avec toutes ses options (couleur, toit ouvrant…). Il n'y a jamais d'erreur car chaque voiture porte **une puce électronique** avec toutes les informations de la commande !

# INDEX


## A

Abeille 60, 63
Abidjan 132
Aborigène 144
Abysses 56
Acacia kaffra 44
Aconcagua 140
Acteur 96, 156-157
Aéroglisseur 169
Afrique 26, 132-133, 134-135, 159
Aigle royal 68
Air 28, 32-34, 82, 150-151
Albatros 67
Alexandre le Grand 18, 94, 96
Algue 31, 41
Alhambra (palais de l') 127
Ali Baba 154
Aliments 80-81
Allemagne 114, 116-117, 119, 128
Amanite 41
Amazone (fleuve) 140
Amérique 26-27, 106-107, 140-141
Ammonite 51
Amphibien 53
Ampoule 112, 167, 171
Amundsen, Roald 18
Anaconda 55
Anémone de mer 75
Angkor 137, 162
Anglais (langue) 124-125, 140, 142
Angola 146
Anguille 58
Animiste 124-125
Annélide 52
Antarctique 35
Antenne 14, 173
Antilope 26, 44, 54, 74
Antiquité 98
Anubis 94
Anus 81
Appareil
– respiratoire 83
– digestif 80
Aqueduc 162
Ara 51, 73
Arabie Saoudite 136-137
Arachnide 52
Arbre 27, 40, 42-43
Archimède 96, 166
Architecte, architecture 96, 104, 163
Argentine 140
Aristote 96
Arlequin 157
Arme 114, 147
Armstrong, Louis 161
Armstrong, Neil 11, 119
Articulation 78
Ascenseur 163
Asie 106, 136-137
Aspirateur 167
Astéroïde 9
Astrolabe 107
Astronaute 15, 119
Astronome, astronomie 8, 10, 12, 14
Athéna 97
Athènes 96
Atmosphère 8, 11, 15, 32-34
Attrape-mouche de Vénus 44
Auguste 98-99
Australie 123, 144-145
Australopithèque 92
Auteur 154, 157
Automne 43
Automobile 126, 168, 174-175
Autriche 129
Autruche 54
Avalanche 36
Avion 33, 34, 55, 112-113, 168-169
Ayers Rock 144

## B

Babouin 68
Bach, Jean-Sébastien 161
Baladeur 172-173
Baleine bleue 52
Ballet 160
Ballon-sonde 33, 34
Bande dessinée 155
Bandiagara 132
Bangkok 138
Bardeen, John 166-167
Bastille 110-111
Bateau 31, 112-113
Beatles (The) 161
Bébé 86-87
Bébés animaux 68-69
Bécasseau sanderling 59
Beethoven, Ludwig van 161
Belette 60
Belgique 128
Bell, Graham 112
Ben Laden, Oussama 119
Berlin 116, 119
Béton armé 163
Biceps 79
Biche 64
Bidonville 133, 140
Big Ben 127
Big-Bang 12
Blanc (mont) 131
Boa constricteur 66
Bois (intruments de musique) 160
Bombay 123, 137
Bombe atomique 117, 147
Bora-Bora 145
Botticelli, Sandro 105
Boubat, Édouard 159
Bouche 80, 84
Bouddha 124
Bouddhisme, bouddhiste 124-125, 136
Bourgeois 102, 111
Bourgeon 43
Bousier 74
Boussole 107
Braille (alphabet) 85
Brattain, Walter Houser 166-167
Breakdance 160
Brésil 140-141
Bronche 83
Brunelleschi, Filippo 104
Bulbe 44
Bush, George 119

## C

Cabiai 73
Cachemire 147
Cactus 45
Cadran solaire 167
Cadreur 156
Caïman 73
Calicut 106
Caméra 156, 173
Camouflage 73
Camp de concentration 116
Canada 59, 140-141
Canal de Suez 132
Canine 80
Caravelle 106-107
Caribou 59
Carnivore 70-71
Carte postale 173
Cascadeur 156
Casque bleu 146
Cathédrale 101, 104
Caverne 56
Cellule (corps humain) 78, 81, 84, 86
Cent Ans (guerre de) 101
Cèpe 40
Cerf 64
Cervantès, Miguel de 155
Cerveau 78-79, 84
César, Jules 98-99
Chaîne alimentaire 72
Chambord (château de) 104, 127
Champignon 40
Chanson 161
Chant grégorien 161
Charbon 113
Charlemagne 100
Charognard 70
Charrue 167
Chasse d'eau 171
Château d'eau 29
Château fort 100, 103, 163
Chauliodus 56

Chauve-souris 59, 70
Chef d'orchestre 160
Chef opérateur 156
Chêne 41
Chenille 44, 69
Chevalier 100
Chien 84
Chili 140
Chimpanzé 62-63
Chine 106, 118, 125, 136-137, 148
Chinois (langue) 125
Chrétien, christianisme 101, 124
Chrétien de Troyes 154
Chypre 129
Ciel 12-13
Cinéma 112, 156, 173
Cité interdite 162
Clepsydre 166
Clergé 110
Climat 24-25, 26, 122, 126, 130
Cnidaire 52
Cobra royal 66
Cœur 78, 80-81
Colisée 127, 162
Colomb, Christophe 18, 105, 106-107
Colonie, pays colonisé 118, 130
Comédie 156-157
Comète 9, 13
Commedia dell'Arte 157
Commune 131
Communication 85, 86
Communiste 118-119
Concorde 169
Conflit 146
Conifère 25, 40
Constellation 12
Copernic, Nicolas 104
Copperfield, David 155
Coraux 31, 145
*Corbeau et le Renard (Le)* 154
Cordes (intruments de musique) 160
Cordon ombilical 86-87
Corneille, Pierre 157
Cosmonaute 118
Costumier 156
Côte-d'Ivoire 132
Coton 44
Coulée de boue 36
Country (musique) 161
Crabe cavernicole 56
Crapaud 64, 66
Crétacé 48
Criquet 59
Crocodile 67, 69
Croisade 101
Croissance 88
Croûte terrestre 22
Crustacé 52
Ctésibios 166
Cuba 106
Cuivre 140
– intrument de musique 160
Cyberespace 172
Cyclone 36

## D

Danemark 128
Danse 160-161
Décomposeur 70
Déjeuner 135, 139, 143
Démocratie (Grèce) 96-97
Dent 80
Département 131
Désert 57, 132
– d'Atacama 140
– de Gobi 137
– du Sahara 26, 35
Dessin animé 156
Diatryma 51
Dickens, Charles 155
Dieu 124
Digestion 80-81
Dik-dik 61
Dîner 135, 139, 143
Dingo 60
Dinosaure 48-51
Dioxyde de carbone 82-83
Diplopode 57
Disque 160
Dodo 51
Dollar 141
Don Quichotte 153, 155
Dorsale 31
Doyle, sir Arthur Conan 155
Dragon de mer (grand) 74
Dragon volant 74
Drapeau 110, 128, 138
Droits de l'homme 110-111, 148
Dromadaire 55
Duchamp, Marcel 159
Dune 26
Dynamite 167

## E

E-commerce 173
Eau 28-29, 34, 135, 150 151
Échinoderme 52
Échographie 87
Éclipse 10
École 88-89, 134, 138, 142
Écologiste 151
Écriture 92, 95
Écrivain 104, 154
Écureuil 70, 74
Edison, Thomas 112, 166-167
Effet de serre 32-33
Église 124, 162
Égypte 94-95, 159
Elbrouz (mont) 126
Électricité 28, 112, 171
Électronique 167
Éléphant 65, 67
Embryon 86-87
Empire romain 98, 100
Empire State Building 162
Énergie 151
Enfant 87, 88, 113, 158-159
Engrais 151
Épave 31
Épeire cavernicole 56
Épices 106
Équateur 20-21, 132
Éros 159
Escargot 55
Esclavage, esclave 140, 148
Espace 14
Espagne 106, 124, 129
Espagnol (langue) 124, 140, 142
Estomac 81
Estonie 129
États-Unis 114, 117, 119, 140-141
Été 20, 24-25, 43
Etna 127
Étoile 8-9, 12-13
Étoile de mer 55
Étourneau 61
Euro 128
Europe 106, 118, 126-127
Eurypharynx 56
Everest (mont) 32, 136
Excrément 60, 81
Expiration 83
Extraterrestre 14

## F

Faille 22-23, 31
Faucon pèlerin 54
Fécondation 87
Félidé 61
Fennec 26
Fête 124, 139
Feu 92-93
Feuille 40-44
Feuillu 41
Fièvre jaune 134
Film 156
Finlande 129
Flamant rose 69
Fleur 41, 43-45
Fleuve 28-29
Florence 104
Fœtus 87
Fonds marins 31
Forêt 27, 150
– amazonienne 27, 73
– équatoriale 27
Fosse océanique 31
Fossile 48
Fougère 41
Fourmi 60, 63, 75
Fourmilier 71
France 24, 114, 116, 128, 130-131, 149
Franck, Anne 117
François Ier 104
Frankenstein, Victor 155
Franquin, André 155
Fruit 40-43
Fujiyama (mont) 137
Fusée 14-15, 118

## G

Gagarine, Youri 118
Galaxie 12-13
Gama, Vasco de 106-107
Game Boy 167
Gandhi 118
Gange 125
Gardel, Carlos 161
Gare 163
Gargantua 154
Gaule, gaulois 98-99, 100
Gaulle, Charles de 116
Genêt 45
Génocide 146
Genre littéraire 155
Gerboise 55
Gestation 66-67
Geysers de Rotorua 144
Girafe 66
Girolle 40
Gizeh (pharaon) 132
Glace 28-29
Globule rouge 82-83
Gorbatchev, Mikhaïl 119
Gorgone 55
Gorille 51, 61
Gothique 163
Goût 84
Gouvernail 167
Graine 41, 42
Grande-Bretagne 128
Grandes découvertes 106
Gratte-ciel 163
Grèce, grecs 96-97, 129, 154, 159, 162
Grêle 29, 34
Grenouille 64, 69, 73, 75
Griot 135
Grizzly 59
Grossesse 87
Grue 163, 166
Guacharo des cavernes 56
Guépard 54
Guêpe 44
Guerre 101, 114, 116-117, 118-119, 146-147
Guillaume Ier, duc de Normandie 100
Gutenberg 104
Gypaète barbu 57

## H

Hache d'argent 56
Haïti 148
Handicap 85, 89
Harfang des neiges 57
Hélicoptère 19, 169
Hémisphère 20-21
Herbivore 44-55, 70-71
Hérodote 97
Herschel, William 9

Hétérosphère 32
Hiéroglyphes 95
Himalaya 23, 57, 136
Hindi 124
Hindouisme, hindouiste 124-125
Hip-hop 160
Hippocampe 67, 74
Hippopotame 60
Hiroshima 117
Hitler, Adolf 116
Hiver 20, 24-25, 43
Holgersson, Nils 155
Holmes, Sherlock 155
Homard 70
Homère 154
Homo
– erectus 93
– habilis 92-93
– sapiens sapiens 93
Hongrie 129
Humaniste 104
Humanitaire (organisation) 146
Hussein, Saddam 119
Hyène 71

# I

Iguaçu (chutes d') 140
Iguane 72
Iguanodon 48-49
Impressionniste 159
Imprimerie 104, 173
Incendie 36
Incisive 80
Inde 106, 122, 124-125, 136-137, 148, 157, 161
Indiens (d'Amérique) 140
Indonésie 137
Industrie 112-113, 126, 130
Informatique 175
Ingénieur du son 156
Inondation 37
Insecte 43, 45, 52, 63
Inspiration 83
Instrument de musique 160-161
Internet 173
Intestin 81
Inventeur, invention 112, 166-167
Invertébré 51, 52-53
Ionesco, Eugène 157
Irak 119
Iran 119
Irlande 128
Islam 124, 132, 136
Islande 129
Isolant 171
Israël 118
Italie 98, 104, 128

# J

Jaguar 72-73
Japon, japonais 117, 137, 157
Jazz 160
Jeanne d'Arc 101
Jérusalem 137
Jeux Olympiques 96-97
Jouet 135
Jour 20-21
Judaïsme, juif 117, 124
Jumeaux 87
Jupiter 9

# K

Kangourou 67, 75
Kheops (pharaon) 94
Khomeyni (ayatollah) 119
Kilimandjaro 132
Koala 68

# L

La Fayette, marquis de 110
La Fontaine, Jean de 109, 154
Lagaffe, Gaston 155
Lagerlöf, Selma 155
Lac 28-29
Lamantin 70
Langue 84
Langues 124-125, 126
Lapin de garenne 67
Latinos 142
Laurent le Magnifique 105
Légionnaire 99
Lemming 58
Léonard de Vinci 104-105, 166
Lépine, Louis 167
Lettonie 129
Libellule 54
Liberté 148
Lièvre 26
Lima 140
Lis 44
Lithop 45
Littoral 30
Lituanie 129
Livre 105
Locomotive 112
Loire 130
Lombric 71
Londres 126
Longicorne 72
Los Angeles 142-143
Louis XIV 108
Louis XVI 110
Louis (saint) 100
Loup 60, 63, 68
– de Tasmanie 50
Loutre de mer 71
Luciole 65
Lucy 92
Lumière, Auguste et Louis 112, 156
Lune 10-11, 119
Lunette astronomique 167
Lunettes 85
Luxembourg 128
Lycaon 71
Lynx 55, 61

# M

Macaque rhésus 61
Machine 112, 166-168, 173, 174, 176
Machiniste 156
Machu Picchu 140
Magellan, Fernand de 18, 105, 106-107
Maïs 44
Maladie 88
Mali 132, 134
Malte 129
Mammifère 53, 67
Mammouth 51
Manchot 25, 54, 69
Mandarin (langue) 125
Mandrill 70
Manteau terrestre 22
Mao Tsé-toung 118
Maquilleur 156
Marais salant 30
Marchands 106
Marée noire 150
Marley, Bob 161
Marlin 54
Marmotte 61
Maroc 133
Marrakech 133
Mars 9, 15
Marsupiaux 67
Martel, Charles 100
Martinet noir 54
Matériaux 162, 170
Mathématiques 96
Mazarin, Jules 108

Mecque (La) 137
Médecine 97
Mégalopole 123, 137
Mélanésie 144
Mer 19, 28, 30-31
– d'Aral 30
– du Nord 126
– Méditerranée 30
– Morte 30
Mercenaire 99
Mercure 8-9
Mésosphère 32
Métaux 170
Météorite 11, 49
Météorologie 34
Métissage 141
Metteur en scène 156
Mexico 123
Mexique 142
Michel-Ange 104-105
Micro-ondes 171
Micronésie 144-145
Migration 58-59, 61
*Mille et Une Nuits (Les)* 154
Millepertuis 45
Molaire 80
Molière 109, 157
Mollusque 31, 51, 52
Momie 94-95
Monarchie 110-111
– absolue 108-109
Monastère 103
Monde 122-123
Monothéiste 124
Montagne 22-23, 25, 29, 36, 57
Montgolfière 169
Monument Valley 140
Mosquée 125, 134
– de Casablanca 132
– de Djenné 132, 162
Moteur 112, 167-169
Moulin à eau 167
Mousse 41
Mousson 24, 137
Mouton 45, 145
Moyen Âge 100-103, 162-163
Moyen-Orient 147
Mozart, Wolfgang Amadeus 161
Muraille (Grande) 137
Murray 144
Musaraigne 69
Muscle 78-79, 83
Musicien, musique 135, 160-161
Musulman 101, 119, 125, 134
Mygale 72
Myriapode 52

# N

Nagasaki 117
Naissance 66, 87
Napoléon Ier 110-111
Nappe phréatique 28
Narmer 94
Nasique 75
Navette spatiale 15, 33, 169
Navigateur 18, 106-107
Nazi 116-117
Neandertal 93
Neige 29, 34
Nénuphar 41
Néolithique 92
Neptune 9, 13
Nerf 79, 84
New York 119, 123, 140-141
Nez 84
Nid 64, 66, 68-69
Niépce, Nicéphore 112
Niger (fleuve) 135
Nil 94, 132
Nô (théâtre) 157
Noblesse 110
Nomade 26
Non-voyant 85
Norvège 129
Nouvelle-Zélande 144-145
Noyau terrestre 23
Nuage 32-33, 34
Nucléaire 131, 150
Nuit 20-21
Numérisation 172
Nutriment 81

## O

Oasis 26
Objet 166, 170
Observatoire 14
Océan 19, 22-23, 24, 28-31
– Atlantique 30
– Glacial Arctique 30
– Pacifique 30, 37, 144-145
Océanie 144-145
Odomètre 166
Odorat 84
Œil 84-85
Œsophage 80
Œuf 62, 66-67, 69, 86-87
Oiseau 27, 51, 53, 55, 59, 63, 64, 67
Omnivore 61, 70
ONU 146, 148
Opéra 161
– de Sydney 144, 162
Orchestre symphonique 160
Ordinateur 34, 167, 172-175
Oreille 84-85
Oréotrague 55
Organes 78, 80-83
– sensoriels 84
– génitaux 86
Orgue à piston 166
Orient 106
Ornithorynque 66
Oryx gemsbok 57
Os 78-79
Ouïe 84-85
Ours 57, 70
Outre-mer 130
Ouvrier 113
Ovaire 86
Ovipare 66-67
Oviraptor 49
Ovovivipare 66-67
Ovule 86-87
Oxygène 82-83
Ozone 32-33

## P

Palenque 140
Palestine 118
Pantalon 157
Panthère 68
Paon bleu 65
Pape 101
Papier 167
Papillon 58, 69
Papouasie-Nouvelle-Guinée 144-145
Parade amoureuse 61, 64-65
Paresseux 73
Parthénon 96, 127
Pasteur, Louis 112
Pays
– pauvre 122, 137, 147, 150-151
– riche 150-151
Pays-Bas 128
Peary, Robert 18
Peau 78-79, 84-85
Pêche 126
Peine de mort 148
Peintre, peinture 104-105, 158-159
Pélican 71
Pénis 86
Pépin 42
Perceval 154
Perchiste 156
Percussions 160
Pérou 140
Perrault, Charles 154
Perspective 158
Pesanteur 11
Peste 101
*Petit Chaperon rouge (Le)* 154
Petite Ourse 12
Pétrole 30-31, 119, 126, 136-137, 150, 168
Pharaon 94-95
Philippe Auguste 100
Philippe le Bel 100
Philosophe, philosophie 96, 111
Phonographe 112, 167
Phoque-moine 51
Photographe, photographie 112, 158, 173
Pic de la Mirandole 105
Picasso, Pablo 158
Pieuvre 61
Pigeon migrateur 51
Pique-bœuf 74
Piranha 73
Pirée 97
Placenta 86
Plage 130
Plaine abyssale 31
Planète 8-10, 12-13
Plante 26-27, 40-45
Plaque terrestre 22-23
Plastique 170
Plateau continental 30
Pluie 24, 26-27, 29, 34-35, 37
Pluton 9
Poésie, poète 96, 155
Poil 79
Poilu 115
Poisson 30-31, 53, 75
Polar 155
Pôles 21, 25, 57
Pollen 43
Pollution 33, 82, 150
Polo, Marco 18, 101
Pologne 116, 129
Polygame 134
Polynésie 144-145
Polythéiste 124
Pommier 42
Pont suspendu 163
Pop art 159
Population 122-123, 126, 130, 132
Portugais (langue) 140
Portugal 106, 129
Potala (palais du) 137
Poule 70
Poulpe 67
Poumon 78, 82-83
Prédateur 72-73
Préhistoire 92
Première Guerre mondiale 114
Prêtre 124-125
Printemps 43
Proie 72
Protoceratops 48
Puberté 88-89
Puce 55
Puce électronique 175
Puffin à bec grêle 59
Putois 60
Pyramide 94, 132
– de Kheops 162
– du Soleil 162
Pythagore 18
Pythéas 18
Python réticulé 70

## R

Râ 95
Rabbin 124
Rabelais, François 154
Racine 40, 42-45
Racine, Jean 109, 157
Radiateur 171
Radio 160, 173
Ramsès II 94
Rap 160
Raphaël 158
Réfrigérateur 171
Réfugié 133, 146
Région 131
Rein 81, 83
Religion 101, 124-125, 134
Rémus 98
Renaissance 104, 158-159, 163
Renard 61
Renoir, Auguste 159
Reproduction 67
– des animaux 64
Reptile 50, 53, 67, 74
République 110
République tchèque 129
Requin 57, 66
Résineux 40
Résistant 116
Révolution française 110
Révolution industrielle 112
Rhythm and blues 161
Riftia 56
Rio de Janeiro 140
Rivière 28
Riz 137
Robespierre, Maximilien de 110-111
Robot 174-175
Rock and roll 161
Roman 154-155
Roman (art) 162
Rome, romain 98-99, 162
Romulus 98
Rose 45
Roue 167
Roussette géante 71
Route 131
– maritime 107
Russe (langue) 125
Russie 116-117, 125, 126, 136, 149
Rwanda 119, 146

## S

Saint-Basile (basilique) 127
Saint-Helen's (mont) 22
Sainte-Sophie (basilique) 162
Saison 20, 25, 42-43
San Andreas (faille de) 23
Sang 81-83
Sangsue 71
Santé 82, 89
São Paulo 123, 140
Satellite 10
– de communication 14-15, 19, 33, 35, 173
Saturne 9
Saumon 59
Sauterelle-feuille 72
Scaphandre 31
Schengen 129
Science-fiction 156
Scinque 57
Scorpion 26, 64
Script 156
Sculpteur, sculpture 97, 158
Seconde Guerre mondiale 116
Seigneur 100, 102-103, 111
Sens 60, 84
Serpent 26, 66
Séville 106
Sexe 87
Shanghai 123
Shelley, Mary 155
Shockley, William 166-167
SIDA 149
Silex 92-93
Singe 63, 73
Ski 170
Slovaquie 129
Slovénie 129
Soie 106
Soldat 97, 115-116
Soleil 8, 10, 12, 15, 20-21
Sonde spatiale 15
Souche 42
Souk 133
Souris du désert 26
Sous-marin 19, 31, 169
Spartiate 97
Spationaute 11
Spermatozoïde 86-87
Sphinx 132
Spongiaire 52
Sport 89
Squelette 78-79

Station spatiale 15
Statue de la Liberté 140
Sterne arctique 58, 65
Stonehenge (mégalithes de) 127
Stratosphère 32
Stravinski, Igor 161
Suède 129
Supernovae 12
Suricate 63
Synagogue 124
Système solaire 8-9


## T

Tabac 44
Taj Mahal 137, 162
Talus continental 30
Tango 161
Tarbosaurus 49
Tassili 132
Tatou géant 72
Tchad 149
Tchétchénie 147
Techno 160
Téléphone 112, 172-173
Télescope 14-15
Télésiège 171
Télévision 143, 170, 173
Température 26-27, 33, 35
Temple grec 96, 162
Temps (climat) 24-25, 34-35
Tendon 79
Ténébrion 57
Termite 62-63
Terre 9-11, 18, 20-21, 107, 150
Terreur 110-111
Testicule 86
Têtard 69
TGV 131, 168
Thaïlande 138
Thé 133
Théâtre 96, 156-157
Thon 54
Tige 41
Tigre
– à dents de sabre 51
– de Sumatra 51
Tisserin 63
Tokyo 123, 137
Tortue 55, 58, 69
Torture 148
Toucher 84-85
Toumaï 92
Tourisme, touriste 130, 133, 145
Toutankhamon 94
Tragédie 157
Train 113, 168
Tranchées 114
Transistor 167
Transport 112, 168
Transsibérien 137
Tremblement de terre 23, 37
Tronc 42
Tropique 25
Troposphère 32
Trou noir 13
Tsunami 37
Tube digestif 81
Tulipe 44
Tunisie 149


## U

Ukraine 127
Ultraviolet 32-33
Ulysse 97, 154
Union européenne 128-129
Univers 12-13
Université 143
Uranus 9, 13
Urbanisme 163
Urine 81
URSS 119
Usine 33, 112-113, 126, 150-151, 174-175
Utérus 86-87


## V

Vaccin 89, 112
Vache 71
Vagin 86
Vaisseau sanguin 82-83
Vanuatu 145
Vapeur 28
Vautour 70
Vélasquez, Diego 158
Velociraptor 49
Venise 127
Vent 34-36
Vénus 8-9, 13
Ver 56
Vercingétorix 98
Verdun 114-115
Verne, Jules 113
Verre 170
Versailles 108-109
Vertébré 53
Vessie 81
Victoria (chutes) 132
Vieillesse 88
Vigne 41
Viking 100
Ville 102, 112, 123, 126, 132-133, 137, 138, 140, 142, 151, 163
Vin 131
Violence 143
Vivipare 66-67
Voie lactée 13
Voiture 112, 150-151, 168, 173-175
Voix 160-161
Volcan 22-23, 31, 36-37
Volcanologue 36
Volga 126
Voltaire 111
Voyage 106
Vue 84-85


## W

Wagner, Richard 161
WIFI 172
Warhol, Andy 159
Watt, James 112, 166-167
Web 172
*Welwitschia mirabilis* 45
Western 156
Westminster 127
Willhelm (mont) 144


## Y

Yack 57
Yamoussoukro 132
Yangzi Jiang 136


## Z

Zèbre 50, 60
Zeus 97

# CRÉDITS PHOTOGRAPHIQUES

**6-7** Patrick HERMANS / SHUTTERSTOCK ; **12** g COSMOS / SPL / Tony & Daphne Hallas ; **12** m g COSMOS / SPL / John Sanford ; **12** m d CIEL ET ESPACE / AAO / D. Malin ; **13** d CIEL ET ESPACE / APB / S. Numazawa ; **14** h European Southern Observatory / Archives Larbor ; **14** b ESO ; **15** m d NASA / Archives Larbor ; **16-17** Tatiana GROZETSKAYA / SHUTTERSTOCK ; **18** ARCHIVES NATHAN / BNF, Paris ; **19** COSMOS / SPL / Planetary Visions / Geosphere Project - Tom Van Sant ; **22** CORBIS / Gary Braasch ; **23** h EYEDA HOA-QUI / EXPLORER / F. Gohier ; **23** b COSMOS / Popperfoto / Duncan Willetts ; **26** EYEDA HOA-QUI / Explorer / J. P. Nacivet ; **26** m EYEDA HOA-QUI / Explorer / Mohamed Torche ; **27** h BIOS / J. C. Munoz ; **27** m h BIOS / J. C. Munoz ; **27** m b BIOS / Juan Manuel Borrero Ramirez ; **27** b BIOS / OSF / J. Brown ; **30** h JOEL HALIOUA EDITORIAL AGENCY / James D. Watt ; **30** b JOEL HALIOUA EDITORIAL AGENCY / Seapics.Com / Phillip Colla ; **31** h GETTY IMAGES / Image Bank / Jeff Hunter ; **31** b NATIONAL GEOGRAPHIC SOCIETY / Emery Kristoff ; **35** g METEOSAT and GOES-EAST IR Images ; **35** d Rectorat de l'Académie d'Orléans-Tours ; **36** h EYEDA GAMMA / El Diaro de Hoy / Sanabria ; **36** b GETTY IMAGES / Image Bank / Burton McNeely ; **37** h g EYEDA GAMMA / ABC Agency ; **37** h d AFP / Jiji Press ; **37** b g AFP ; **37** b d EYEDA HOA-QUI / Maurice Krafft ; **38-39** CLOKI / SHUTTERSTOCK ; **46-47** Debbie OETGEN / SHUTTERSTOCK ; **48** g MNHN / PALEONTOLOGIE / D. Serrette ; **48** m MNHN / PALEONTOLOGIE / D. Serrette ; **48** d MNHN / PALEONTOLOGIE / D. Serrette ; **49** b g MNHN / PALEONTOLOGIE / D. Serrette ; **49** m Musée des Dinosaures d'Esperaza / Jean Le Loeuff ; **49** d MNHN / PALEONTOL / Michael & Patricia Fogden ; **65** BIOS/ M. & C. Denis-Huot ; **67** EYEDA JACANA / PHR / Paul A. Zahl ; **69** g BIOS / Roger Le Guen ; **69** m BIOS / Daniel Heuclin ; **69** d BIOS / Jean-Denis Prevot ; **74** h g BIOS / OSF / T. Jackson ; **74** h d BIOS / Yves Noto Campanella ; **74** m JOEL HALIOUA EDITORIAL AGENCY / Minden Pictures / Konrad Whote ; **74** b g EYEDA JACANA / PHR / Dennis Nigel ; **74** b d EYEDA JACANA / Norbert Wu ; **75** h g EYEDA JACANA / Anup Shah ; **75** h d BIOS / Klein-Hubert ; **75** m JOEL HALIOUA EDITORIAL AGENCY / Minden Pictures / Mark Moffett ; **75** b g PHO.N.E. / Jean-Paul Ferrero ; **75** b d EYEDA JACANA / Jurgen Freund ; **76-77** PAULAPHOTO / SHUTTERSTOCK ; **90-91** André KLAASSEN / SHUTTERSTOCK ; **92** g AFP / OFF ; **92** m g COSMOS / SPL / John Reader ; **92** m m COPPENS Yves ; **92** m d MUSEE DE L'HOMME, Paris ; **92** d COSMOS / Robert Frerck ; **93** MUSEE DE L'HOMME, Paris / M. Oster ; **97** g AKG / Erich Lessing ; **97** m ARCHIVES NATHAN / BNF, Paris ; **97** d DAGLI ORTI G. ; **98** AKG / Erich Lessing ; **99** DAGLI ORTI G. ; **100** Archives Larbor / Hubert Josse ; **101** Archives Nathan ; **104** BRIDGEMAN - GIRAUDON ; **107** Collec. ARCHIVES NATHAN / BIS ; **1113** h ARCHIVES NATHAN ; **113** b ARCHIVES NATHAN ; **115** ROGER-VIOLLET ; **116** h ARCHIVES NATHAN ; **116** m h KEYSTONE ; **116** m b RUE DES ARCHIVES / Tallandier ; **116** b Getty Images / Hulton Archive ; **117** RUE DES ARCHIVES / Tallandier ; **118** h g RUE DES ARCHIVES / FIA ; **118** h m MAGNUM Photos / Robert Capa ; **118** h d ROGER-VIOLLET ; **118** b AFP ; **119** h g PHOTOS12.COM / Bertelsmann Lexicon Verlag ; **119** h d SIPA PRESS / Alfred ; **119** m g SIPA PRESS / Setboun ; **119** m d CORBIS / Zen Icknow ; **119** b g CORBIS SYGMA / N. Y. Newswire / Sands ; **119** b d AFP / Joe Raedle ; **120-121** Mauro BIGHIN / SHUTTERSTOCK ; **122** g EYEDA GAMMA ; **122-123** COSMOS / Mark Henley ; **126** h EYEDA GAMMA / Nordske ; **126** m EYEDA HOA-QUI / Patrick Frilet ; **126** b g CORBIS / Eye Ubiquitus / David Cumming ; **126 -127** REA / Benoît Decout ; **127** m CORBIS / David Turnley ; **127** b m EYEDA HOA-QUI / Hwasig Jeon ; **128-129** COMMISSION EUROPEENNE ; **132** m COSMOS / Pascal Maître ; **132** b g EYEDA GAMMA / William Stevens ; **132** b d EYEDA GAMMA / Pascal Maître ; **133** h COSMOS / Robert Frerck ; **133** m COSMOS / Pascal Maître ; **133** b EYEDA GAMMA / Xavier Rossi ; **135** m EYEDA HOA-QUI / M. Ascani ; **135** b EYEDA HOA-QUI / D. Renaud ; **136** h EYEDA GAMMA / Patrick Aventurier ; **136** m COSMOS / Serge Sibert ; **136** b COSMOS / Matrix / David Wells ; **137** h EYEDA GAMMA / Kurita ; **137** m COSMOS / Mark Henley ; **139** m EYEDA GAMMA / Patrick Aventurier ; **139** b COSMOS / Karnow ; **140** m CORBIS / Howard Davies ; **140** b g EYEDA GAMMA / Figaro Magazine / Lechenet ; **140** b d EYEDA GAMMA / Liaison / N. Russell ; **141** h EYEDA HOA-QUI / NF / C. Moreno ; **141** m CORBIS / Louis K. Meisel Gallery ; **141** b COSMOS / Pascal Maître ; **143** h Photodisc / John A. Rizzo ; **144** h COSMOS / Focus / H. Sautter ; **144** b CORBIS / Penny Tweedie ; **149** h EYEDA GAMMA / T. Falise ; **149** m g CORBIS / Danny Lehman ; **149** m d EYEDA HOA-QUI / M. Renaudeau ; **149** b COSMOS / Woodfin Camp / K. Fleming ; **148** hAMNESTY INTERNATIONAL ; **148** m REPORTERS SANS FRONTIERES ; **148** m UNICEF ; **152-153** Liette PARENT / SHUTTERSTOCK ; **155** AUTEURS ASSOCIES © Marsu By Franquin 2003 - www.gastonlagaffe.com ; **157** ROGER VIOLLET/ Lipnitzki ; **158** h g DAGLI ORTI G. / Musée Egyptien, Le Caire ; **158** h d RMN / Hervé Lewandowski / Musée du Louvre, Paris ; **158** m DAGLI ORTI G. / Musée des Offices, Florence ; **158** b RMN / R. G. Ojeda / Musée Picasso, Paris © Succession Picasso, Paris 2007 ; **159** h g Archives Larbor / Galerie Tretiakov, Moscou ; **159** h d BRIDGEMAN - GIRAUDON / British Museum, Londres ; **159** m g AKG / Erich Lessing / Museo del Prado, Madrid ; **159** m d RMN / Jean Schormans / Musée de l'Orangerie, Paris ; **159** b g AKG © ADAGP, Paris 2007 ; **159** b d RAPHO / Édouard Boubat ; **161** BRIDGEMAN - GIRAUDON / Glinka Museum of Music, Moscou ; **164-165** ASONTSUI/ SHUTTERSTOCK ; **167** ROGER VIOLLET / Harlingue.

# CRÉDITS ILLUSTRATEURS

Gaëtan **DORÉMUS**
pages d'ouverture des chapitres
p. 6-7, 16-17, 38-39, 46-47,
76-77, 90-91, 120-121,
152-153, 164-165

**ARNO**
chapitre Monde d'aujourd'hui :
p. 122-123, 128-129, 138-139

Benjamin **BACHELIER**
chapitre Monde d'aujourd'hui :
p. 142-143

Pascal **BALTZER**
chapitre Histoire :
p. 92-119

Sylvie **BESSARD**
chapitre Sciences et techniques :
p. 166-175

Marc **BOUTAVANT**
chapitre Animaux :
p. 48-75

Charles **DUTERTRE**
chapitre Terre :
p. 18-37

Aurélie **GUILLEREY**
chapitre Arts :
p. 154-163

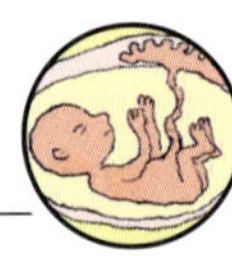

Nicolas **HUBESCH**
chapitre Corps humain :
p. 78-89

Olivier **LATYK**
chapitre Monde d'aujourd'hui :
cartes p. 122-123, 126-127, 128-129,
130-131, 132-133, 136-137,
140-141, 144-145

Vincent **MATHY**
chapitre Plantes :
p. 40-45

Jörg **MÜHLE**
chapitre Monde d'aujourd'hui :
p. 124-125, 146-147, 148-149, 150-151

Sandra **POIROT-CHERIF**
chapitre Monde d'aujourd'hui :
p. 134-135

Guillaume **RENON**
chapitre Histoire :
p. 116-117

Alexios **TJOYAS**
chapitre Astronomie :
p. 8-15

Fabrice **TURRIER**
chapitre Monde d'aujourd'hui :
animation des cartes p. 122-123,
126-127, 128-129, 130-131,
132-133, 136-137,
140-141, 144-145

Achevé d'imprimer en septembre 2015 par Graficas Estella (Ctra Estella Tafalla km2, Estella 31200, Espagne)
N° d'éditeur : 10215386 - Dépôt légal : octobre 2015